ULRIKE STERBLICH
Tüte oder so was

Buch

Der Kunde ist bekanntlich König. Kundenorientierung und Serviceoptimierung sind die Zauberworte in unserer Dienstleistungsgesellschaft.
Doch König Kunde kann manchmal sein Gegenüber auch ganz schön
nerven. Mehr als oft sind es die kleinen, unspektakulären Dinge, mit denen wir Kunden, nichts Böses ahnend, etwa einem freundlichen Buchhändler den Stecker rausziehen können. Der Standardsatz »Haben Sie
vielleicht noch 'ne Tüte oder so was?«, ganz arglos an der Kasse vorge-
tragen, birgt dieses Potenzial. Tüte oder so was. Na klar. Kunden brauchen manchmal eine Tüte. Kein Ding. Aber was in aller Welt soll dieses
»so was« sein, das alle immer vielleicht auch noch wollen? Ein Koffer?
Ein Schuhkarton? ... Also: Frag nicht, was der nette Verkäufer für dich
tun kann. Frag einfach mal: Was kannst du tun, damit der morgen auch
noch nett ist?

Autorin

Ulrike Sterblich, geboren 1970 in Berlin, ist Politologin und arbeitet als
Autorin und Moderatorin. Sie schreibt Kurzhörspiele und Kolumnen,
und ist Gastgeberin einer beliebten Talk- und Lesebühne im Berliner
NBI-Club (»Berlin Bunny Lectures«). Von ihr erschien zuletzt »Supatop-
checkerbunny & Hilfscheckerbunny: Was wir uns überlegt haben zu verschiedenen Themen.« (Fischer TB 2008, zusammen mit Stese Wagner).
Ulrike Sterblich lebt mit ihrer Familie in Berlin.

Ulrike Sterblich

Tüte oder so was

Wie man als Kunde nervt,
ohne es zu merken

GOLDMANN

FSC
Mix
Produktgruppe aus vorbildlich
bewirtschafteten Wäldern und
anderen kontrollierten Herkünften

Zert.-Nr. SGS-COC-1940
www.fsc.org
© 1996 Forest Stewardship Council

Verlagsgruppe Random House FSC-DEU-0100
Das FSC-zertifizierte Papier *Holmen Book Cream* für dieses Buch
liefert Holmen Paper, Hallstavik, Schweden.

1. Auflage
Originalausgabe April 2010
Copyright © 2010 by Ulrike Sterblich
Copyright © dieser Ausgabe 2010
by Wilhelm Goldmann Verlag, München,
in der Verlagsgruppe Random House GmbH
Umschlaggestaltung: UNO Werbeagentur, München
Umschlagabbildung: Getty Images/Jeanene Scott
KF · Herstellung: Str.
Druck und Bindung: GGP Media GmbH, Pößneck
Printed in Germany
ISBN: 978-3-442-15609-2

www.goldmann-verlag.de

INHALT

Vorwort
Vom Segen der Verbraucherkritik 7

»Ich Kunde, du Service-Fuzzi«
Unhöflichkeit 13

»Möchten Sie unsere Kundenkarte testen?«
Der Fluch der Wiederholung 25

»Das kostet dann wohl nichts!«
Jeden Tag derselbe Spruch 35

»Krieg ich das billiger?«
Ungeiler Geiz 45

»Ihr Kollege hat aber gesagt!«
Der König lügt 62

»Wozu wollen Sie das wissen?«
Grenzenloses Misstrauen 76

»SIE sind doch hier der Fachmann!«
Überzogene Ansprüche 84

»Oder, nee, doch lieber anders«
Unentschlossenheit 96

»Nur mal kurz«
Drängeln einerseits und Trödeln andererseits 105

»Aber im Internet steht das so«
Halb- und Besserwisser 118

»Wissen Sie, was ich meine?«
Kunden ohne jeden Schimmer 128

»Ach so, sorry«
Gedankenlosigkeiten 136

»Und was ich auch noch erzählen wollte«
Überflüssiges Gerede 145

Glibsch und Glibber
Ekelhaftigkeiten 158

»Sie hören noch von mir!«
Drohungen und leere Versprechen 164

»Wissen Sie eigentlich, wer ich bin?«
Wichtige Menschen 175

»Vielen Dank!«
Kunde sein und trotzdem nicht nerven 184

Schlusswort
Was macht die Gewerkschaft im Paradies? 189

Dank 191

VORWORT

Vom Segen
der Verbraucherkritik

George A. Romeros 70er Jahre Horrorfilm-Klassiker »Dawn of the Dead« (in Deutschland hieß er »Zombie«) spielt in einem riesigen Einkaufszentrum, in dem Horden von Zombies ziellos umherirren. Die Wahl dieses Schauplatzes ist nicht eben zufällig. Sie sagt etwas aus über Kunden. Vielleicht hat Romero, bevor er Regisseur wurde, ja mal im Einzelhandel gejobbt.

Junge, fröhlich-naive Leute auf der Suche nach dem Traumberuf äußern oft den Wunsch, »was mit Menschen« zu machen (oder »was mit Medien«, aber das ist ein anderes Thema). Das spricht zunächst einmal für das soziale Umfeld dieser Leute, denn wer gerne mit Menschen arbeiten möchte, hat mit Menschen offenbar gute Erfahrungen gemacht. Etwas selektiv denkt er bei seinem Berufswunsch vermutlich an jene Personen, die er um sich herum so kennt und ganz gerne mag.

Vielleicht denkt er auch daran, wie gerne er ausgeht, dass er es immer super findet, sich mit Leuten zu unterhalten, und dass er mit Vergnügen neue, interessante Menschen kennenlernt, während es allein zu Hause schnell langweilig wird. Es ist also keine große Überraschung, wenn viele Menschen einen möglichst kommunikationsintensiven Beruf anstreben.

Was sich dann im nächsten Schritt zur Konkretisierung dieser Pläne anbietet, ist ein Job mit Kundenkontakt. Die Auswahl ist groß genug, damit für jeden etwas Passendes dabei ist: Man kann Frisör werden, Arzt oder Taxifahrer, und allein das Berufsbild »Verkäufer/in« beziehungsweise »Kaufmann/frau im Einzelhandel« bietet so viele Möglichkeiten, wie es Geschäfte gibt, also Tausende. Die Kombination aus: »Hey, ich bin gerne mit Menschen zusammen!« und »Hey, ich interessiere mich für Mode!« führt dann ganz schnell zu dem folgenschweren Entschluss, sich als Verkäufer oder Verkäuferin in einem Modegeschäft ausbilden zu lassen.

So geht das los.

Leider hat der sozial kompetente, kommunikationsfreudige junge Mensch bei dieser Berufswahl nicht ausreichend bedacht, dass er es in seinem Job im Einzelhandel nicht nur mit seinen Kumpels und seiner Familie zu tun haben wird. Natürlich weiß er das irgendwie. Er ahnt aber nicht, was es wirklich bedeutet, wenn die Menschheit ungefiltert auf einen losgelassen wird.

Es bedeutet nämlich, dass man jeden Tag mit Leuten rechnen muss, über deren Vorstrafen man sonst in der Zeitung liest. Man muss mit Kunden umgehen, die genau so sind wie der schlimmste ehemalige Lehrer. Und natürlich wird der schlimmste ehemalige Lehrer auch selbst mal vorbeikommen. Zum potenziellen Kundenstamm gehören auf jeden Fall all jene, die sich in Vormittagstalkshows anbrüllen, genauso wie solche, die abends bei Call-in-Sendungen anrufen, in denen eine Tarotkarten-Wahrsagerin für fünf Euro pro Sekunde Auskunft darüber gibt, ob die neue Diät endlich zum Ziel führen wird oder nicht. Die Wahrsagerin geht natürlich ebenfalls einkaufen, und, falls man sich für ein Medizinstudium anstatt einer Einzelhandels-Ausbildung entschlossen hat: Zum Arzt geht sie auch.

Um eine etwas realistischere Vorstellung davon zu bekommen, wie es ist, mit Kunden zu arbeiten, muss man sich nur in Erinnerung rufen, wie vielen übel gelaunten und rücksichtslosen Menschen man normalerweise schon begegnet, wenn man nur einmal in ein öffentliches Verkehrsmittel steigt, ein paar Stationen fährt und wieder aussteigt.

Das ist aber noch nicht einmal alles. Sogar Menschen, die sich sonst unauffällig verhalten, treu sorgende Eltern sind, nicht pöbeln, nicht an Casting-Shows teilnehmen und immer die Nachbarn grüßen, mit denen man sich vielleicht sogar hervorragend unterhalten könnte, würde man ihnen auf einer Party begegnen, sogar diese Menschen können eine fürchterliche Mutation durchmachen, sobald sie, mit Zahlungsmitteln bewaffnet, ein Geschäft betreten. Sie sind dann nicht mehr ganz sie selbst. Sie sind dann KUNDEN.

Und sie alle, die Schlimmen, die Üblen, die Schrecklichen und die ehemals Normalen kommen schließlich geballt auf einen zu, und sie WOLLEN etwas. Sie erheben Ansprüche. Sie lassen ihre Manieren und ihre mehr oder weniger gute Erziehung zu Hause, bringen dafür aber all ihre hochinteressanten Neurosen mit. Sie sind die Zombies im Einkaufszentrum.

Wen diese Aussicht mit Begeisterung erfüllt, der ist genau richtig für einen Beruf mit Kundenkontakt.

Für einen umfassenden Einblick in den psychologischen Grundzustand der Gesellschaft gibt es allerdings kaum einen besseren Beobachtungsposten als den des Verkäufers oder des Dienstleisters. Altgediente Berufsveteranen können an erhellenden Unglaublichkeiten über die Welt, wie sie sich im Mikrokosmos ihres Geschäftes abbildet, mehr erzählen, als ihnen lieb ist. Wer die Menschen aus der Perspektive eines Baumarktangestellten kennengelernt hat, weiß, was da draußen abgeht. Schließlich leben wir in der berühmten Dienstleistungsgesellschaft.

Trotz der großen Expertise ihrer Schlüsselfiguren, der Dienstleister, geht es in der Dienstleistungsgesellschaft jedoch ausschließlich um die Kunden. Alles dreht sich um Kundenorientierung und Serviceoptimierung, was natürlich der Richtung des Geldtransfers entspricht.

Dabei brauchen Kunden selber durchaus auch mal Orientierung, und zwar nicht nur im Angebotsdschungel. Kunden brauchen auch dahingehend Orientierung, wie sie es im Kontakt mit Verkäufern und Servicekräften vermeiden können, deren Arbeitsalltag, und dabei ganz unversehens auch ihren eigenen Charakter zu versauen. Beziehungsweise, wie sie diese Dinge positiv beeinflussen können. Beides ist mit recht einfachen Mitteln möglich.

Dem viel beachteten Thema des Verbraucherschutzes sollte deshalb endlich das überfällige Genre der Verbraucherkritik zur Seite gestellt werden. Verbraucherkritik selbstverständlich nicht im Sinne einer Kritik *vom* Verbraucher, sondern *am* Verbraucher.

Denn wie man in den Laden (oder in das Flugzeug, das Taxi und die Zahnarztpraxis) hineinruft, so schallt es auch heraus.

1
»Ich Kunde,
du Service-Fuzzi«
Unhöflichkeit

Warum Gustav nicht »Guten Tag« sagt

Es ist morgens um halb neun am Flughafen Frankfurt. Die Sonne scheint, Passagiere kommen aus dem Zubringerbus, gehen mit ihrem Handgepäck und wehendem Haar ein paar Schritte über das Rollfeld und steigen dann die Treppe hinauf in das wartende Flugzeug. Dort angekommen, wird jeder von ihnen freundlich begrüßt, und zwar von Stephanie Wöhler, die in gebügelter Airline-Uniform am Eingang steht, denn Stephanie Wöhler ist Flugbegleiterin von Beruf. Sie fliegt Langstrecken, Kurzstrecken und alles, was dazwischen liegt. Mal ist sie müde und mal ausgeschlafen, in jedem Fall aber wird sie zur Begrüßung der einsteigenden Fluggäste immer lächeln.

Jetzt kommt ein Passagier die Gangway hoch, betritt das Flugzeug und greift sich ein paar Zeitungen. Stephanie Wöhler lächelt und wünscht ihm einen guten Morgen. Der Mann, er trägt einen gestreiften Schal und hält das Kinn nahe an die Brust gedrückt, damit er besser durch seine Halbbrille gucken kann, antwortet mit einer grob in ihre Richtung gebellten Frage: »Gustav?«

Stephanie Wöhler, die schon geschlechtsbedingt gar nicht Gustav heißen kann, weist mit dem Arm in Richtung linke Seite der Maschine und antwortet: »Mittlere Reihe links.«

Das war jetzt nur mal eine ganz zufällige Stichprobe. Würde man eine Kamera installieren, um für weitere wissenschaftliche Auswertungen das Verhalten einsteigender Fluggäste zu filmen, würde man der forschen Frage nach Gustav noch öfter begegnen. Es kann natürlich auch mal Anton oder Berta sein, nach denen verlangt wird.

Stephanie Wöhler braucht keine Kamera, um Bescheid zu wissen. Sie ist ja ständig live dabei und kann deshalb absolut professionell reagieren, wenn ein Passagier den Gustav verlangt. Unsereins würde zusammenzucken, abwehrend mit den Händen wedeln und dem Mann erklären, dass er sich irren müsse. Man sei kein Gustav, nie gewesen. Auf die Idee, »Mittlere Reihe links« zu antworten, muss man erst einmal kommen.

Vor allen Dingen aber muss man dafür erst einmal wissen, dass »Gustav« der absolute Checker-Code für Leute ist, die einen Sitzplatz in Reihe G haben. Um sich beim Einstieg einen minimalen Orientierungsvorteil zu sichern, fragen sie die Flugbegleiterin sofort und ohne überflüssiges Höflichkeits-Beiwerk, wo die Reihe G in dieser Maschine angesiedelt ist.

Wer nicht gerade selber zu den Gustav-Fragern gehört, dem

erscheint dieses Verhalten erst einmal extrem albern. Deshalb muss man vielleicht zusätzlich erklären, dass die Frage noch einen wichtigen Subtext hat. Die möglichst routiniert vorgebrachte Frage nach Gustav dient beim Einstieg in ein Flugzeug, in einer Situation also, die in ihrer Kürze sonst nicht viele Distinktionsmöglichkeiten bietet, als Ausweis für den eigenen Status als weltläufiger Vielflieger. Die Betroffenen würden auch sagen: als guter Kunde.

Also »gut« jedenfalls im Sinne von »oft«, wenn schon nicht im Sinne von »positiv«.

Guten Tag, Mobiliar

Natürlich ist der Gustav-Typus nur eine symptomatische Randerscheinung. Im Zentrum des Geschehens stehen sehr viele Fluggäste, die beim Einsteigen weder Gustav noch Berta noch Anton sagen. Das heißt aber auch noch nicht, dass sie alle auf Stephanie Wöhlers »Guten Morgen« in angemessener Weise zurückgrüßen. Manche grunzen irgendetwas, und andere gehen einfach grußlos vorbei. Und die sind immer noch besser als der, der mal gesagt hat: »Ob das ein guter Morgen wird, hängt ganz von Ihnen ab, junge Frau!«

Als kleine Kinder haben wir ja die elementaren Höflichkeitsformeln alle mal gelernt: »Bitte« und »Danke« sagen, zur Begrüßung »Guten Tag« und beim Abschied »Auf Wiedersehen«. Die Frage ist also, ob es einen bislang unerforschten Hirnmechanismus gibt, der bewirkt, dass diese Kenntnisse während unserer zombiehaften Transformation vom Menschen zum Kunden kurzzeitig unabrufbar verschüttet werden, oder was sonst der Grund für diese plötzliche Höflichkeits-Amnesie sein könnte.

Die langjährigen Beobachtungen von Lars Ruprecht, zugehörig zur tapferen Spezies der Baumarktmitarbeiter, bieten vielleicht einen Ansatz zur Lösung dieses Rätsels. Immerhin ist es sein täglich Brot, von Kunden angeölt und gedemütigt zu werden, die einen bestimmten Bohreraufsatz nicht auf Anhieb finden können oder denen die Lampenauswahl nicht gefällt. Die Gesichter fremder Menschen tauchen vor ihm auf und werfen ihm ohne Gruß und Vorwarnung irgendein Wort an den Kopf. »Laminat« zum Beispiel. Lars Ruprecht kommt sich in diesen Situationen vor wie ein Grundschul- oder Fremdsprachenlehrer, der versucht, seine Schüler zum Reden in ganzen Sätzen zu ermuntern.

»Hier, Frage.«

»Guten Tag. Wie kann ich Ihnen denn behilflich sein?«

»Laminat.«

»Und wie lautet Ihre Frage?«

Um im Laufe eines langen Arbeitslebens im Baumarkt das Konzept der eigenen Würde nicht ganz aufzugeben, hat Lars Ruprecht irgendwann angefangen, Kunden mit besonders stark ausgeprägten Verhaltensauffälligkeiten vorsichtig darauf aufmerksam zu machen, dass es wirklich keinen Grund gibt, ihn anzupöbeln.

Erstaunliche Reaktionen hat er dabei beobachtet. Kunden, die ihn angucken, als seien sie gerade Zeuge eines unerklärlichen Phänomens geworden. Als hätte der Akkuschrauber zu ihnen gesprochen. Sie fallen aus ihrer Trance, entschuldigen sich verwirrt und weichen hastig einen kleinen Schritt zurück.

Was ist da passiert? Ein Mensch, der das Reich der Waren und Dienstleistungen betritt, schaltet um in den Kaufmodus, der von anderen alltäglichen Verhaltensmustern offenbar grundsätzlich abweicht. Er ist jetzt ein Kunde und muss innerhalb der Konsum-Umgebung zunächst einmal unterscheiden zwischen käuflichen Gütern und Mobiliar sowie zwischen anderen Kunden und angestellten Mitarbeitern. Die anderen Kunden interessieren erst mal nicht. Bei Ressourcen-Knappheit (Schlussverkauf) können sie allenfalls mal als Konkurrenten fungieren.

Das käuflich nicht verfügbare Mobiliar interessiert ebenfalls nicht. Eigentlich, seien wir ehrlich, interessieren nur die Waren. Die Mitarbeiter verschmelzen irgendwie mit dem Mobiliar. Und nun spricht das Mitarbeiter-Mobiliar einen ungewohnten Text – Realitätseinbruch im Konsumtheater! Der Baumarktangestellte tritt aus seiner Rolle heraus und ruft: He, so nicht! Guck mal, ich bin eine Person so wie du, ich wohne hier nicht zwischen diesen Metallregalen, nein, heute früh noch bin ich in einem Bett aufgewacht wie du, neben meiner Frau, und erst dann bin ich hierhergekommen, um hier zu arbeiten. Und nach Feierabend werde ich diese Baumarktuniform auch wieder ausziehen und nach Hause gehen wie ein normaler Mensch, und so sollst du gefälligst auch mit mir reden, du Kunde!

Vielleicht ist es also nicht unsere Erinnerung an die Formen und Etikette der Höflichkeit, die im Baumarkt (und sogar im Flugzeug) zeitweilig aussetzt, sondern unsere Fähigkeiten bei der Personenerkennung. Anstatt uns korrekterweise die Meldung »Hier ist eine Person, jetzt bitte ›Guten Tag‹ sagen« zu geben, ist unser Hirn in einem evolutionär sehr tief eingegrabenen Jäger-und-Sammler-Modus vollauf damit beschäftigt, überlebenswichtige Dinge wie Laminat und Wandfarbe einzuheimsen. Die Gebräuche der Zivilisation müssen sich da hinten anstellen.

Subjekt, Objekt, Kassiererin

Kunden, die es dennoch schaffen, Lars Ruprecht mit »Guten Tag« oder »Hallo« anzusprechen, geben ihm sofort zu erkennen, dass sie trotz Kaufmodus noch ganz gut bei Sinnen sind. Ihr Unterscheidungsvermögen zwischen Mensch und Mobiliar, zwischen Personen und Objekten funktioniert auch im Reich der Waren noch ganz gut.

Es ist natürlich in hohem Maße erstrebenswert, zu diesen zurechnungsfähigen Kunden zu gehören. Für Dienstleister, Verkaufsangestellte und Servicekräfte stapeln sich all die einzelnen Bagatelldelikte der Unhöflichkeit sonst zu einem ganzen Arbeitsleben als Abfalleimer für die miese Laune anderer.

Wenn jemand außerdem erst ein paar Jahre lang von anderen mehr als Objekt denn als Person behandelt wurde, dann passiert es natürlich leicht, dass er sich irgendwann auch so benimmt. Ein Dienstleister-Zombie ist entstanden. Und wenn das erst einmal passiert ist, dauert es sicherlich auch nicht mehr lange, bis ein Journalist seinen Weg kreuzt, der sich von dem armen, geschundenen Menschen zu einem launigen Artikel über die Servicewüste Deutschland und ihre freudlosen Servicekräfte inspirieren lässt. Der Teufelskreis ist dann geschlossen.

Eine unbeschwerte Ignoranz gegenüber der bloßen Existenz der Person, die direkt vor ihnen sitzt, legen täglich auch Legionen von Kunden an den Tag, die der Kassiererin telefonierend ihren Kram aufs Kassierband stapeln, telefonierend bezahlen, das Zeug telefonierend einpacken und dann telefonierend wieder abhauen, blick- und grußlos natürlich. Jede Kassiererin hasst das von Herzen.

Man sollte, wenn man schon mal an der Kasse telefonieren muss (und schließlich müssen wir ja andauernd telefonieren, was soll man machen?), man sollte dabei also wenigstens irgendwie pantomimisch darstellen, dass einem dieser Umstand wirklich sehr peinlich ist. Diese Prozedur darf man sich ruhig so unangenehm wie möglich gestalten. Die Alternative dazu wäre, nach dem Einpacken zurückzurufen.

Es gibt für Kassierer und Kassiererinnen aber eine noch schlimmere Gattung als den *ignoranten Telefonierer*, der ja in uns allen lauert, und das ist der *arrogante Karten-Hinhalter*. Der arrogante Karten-Hinhalter erwacht in manchen Leuten, wenn sie das Privileg besitzen, für größere Summen einzukaufen, kann aber auch bei Kleinbetragszahlern vorkommen.

Dieser Typus steht also an der Kasse, und nachdem der Kassierer den Betrag genannt hat, hält der arrogante Karten-Hinhalter ihm seine Bank- oder Kreditkarte mit herablassender Geste hin, zwischen Mittel- und Zeigefinger geklemmt, während er selbst betont gelangweilt woanders hinguckt.

Ein einziger arroganter Karten-Hinhalter besitzt ungefähr das Negativgewicht von vier Telefonierern oder von sieben Grußverweigerern. Das ist auch für das eigene Karma dieser Menschen extrem belastend. Denn während andere Unhöflichkeiten im Sündenregister noch als evolutionär bedingte Gedankenlosigkeiten oder punktuelle Ausfälle durchgehen können, demontiert herablassendes Benehmen ganz direkt und auf ganz ekelhafte Art das Selbstwertgefühl des wehrlosen Dienstleister-Gegenübers – ich Kunde, du Service-Fuzzi. Dabei ist es für den Kunden im Service niemals mit inbegriffen, ein Arschloch sein zu dürfen.

Der Meister reagiert nicht

Gehen wir gemeinsam mit Lars Ruprecht, unserem Spezialisten für Baumarkt-Psychologie, noch einmal einen Schritt zurück in die Phase, die der Kontaktaufnahme zwischen Kunde und Mitarbeiter unmittelbar vorausgeht.

Da sieht es oft erst einmal so aus: Der Kunde hat ein Anliegen. Er weiß nicht, welchen Aufsatz er für seinen Bohrer braucht, oder er findet keine Verteilersteckdosen in Orange. Dann sieht er von weitem einen Mitarbeiter. Es ist Lars Ruprecht, der gerade eine Palette mit Mörtel einräumt. Das Problem ist: Wie jetzt den Mörtel räumenden Mitarbeiter darauf aufmerksam machen, dass man eine Frage an ihn hat? Es gilt, dabei eine räumliche Distanz von, sagen wir, fünf Metern zu überbrücken. Ein fünf Meter langes Lasso zum Einfangen des Mitarbeiters hat der Kunde gerade nicht dabei.

Hinzugehen wäre eine Möglichkeit. Aber fünf Meter! Nein, die spart der Kunde sich gerne. Schlau nutzt er die Tragweite akustischer Schallwellen, steckt zwei Finger in den Mund und pfeift, so gut er kann. Kann er es nicht, ruft er, so laut er kann: »Ey! Meister!«

Endlich hat Lars Ruprecht Gelegenheit (obwohl er weder ein Hund ist noch irgendein Meister), seinerseits die fünf Meter zurückzulegen und das Anliegen des Kunden zu bearbeiten. Vielleicht weist er den Kunden aber auch vorsichtig darauf hin, dass er, Lars Ruprecht, weder Hund ist noch Meister, dann wird er sicher wieder verstört angestarrt werden.

Es bleibt ihm auch noch die Möglichkeit, nicht zu reagieren. In diesem Fall greift der Kunde irgendwann wahrscheinlich doch zu Plan B und legt die Distanz zum Mitarbeiter selbst zurück, nun aber schon zutiefst verärgert, mit geblähten Nüstern, aus denen es bedrohlich dampft. »Sagensema Meister, haben Sie was an den Ohrn? Ich brüll hier rum, und Sie reagieren gar nich!«

Während pfeifen und »Ey, Meister« brüllen in der Tendenz eher männliche Verhaltensweisen sind, fangen Frauen in der Phase einer gewünschten Kontaktaufnahme zum Verkaufspersonal oft an, mit einer gewissen passiv-agressiven Haltung überbordende Verzweiflung zur Schau zu stellten. Wenn sie nicht exakt in dem Moment bedient werden, in dem sie dies wünschen, rudern sie theatralisch mit den Armen in der Luft herum oder sprechen laut und vernehmlich mit ihrem Hund: »Ja, Schnuffi, irgendwie kommt hier ja keiner, um uns zu bedienen, was? Die wollen wohl unser Geld nicht, was Schnuffi?«

Wenn kein Hund zur Stelle ist, kann aber auch einfach mal so in den Raum hineingeredet werden. Ein Videothekar, von dem später noch ausführlicher die Rede sein wird, beobachtet immer wieder Kunden dabei, wie sie in einer Ecke des Ladens stehen und »Titanic?« oder »Kill Bill?« rufen. Nun weiß er manchmal nicht genau, ob diese Leute irgendwie Hilfe suchen, oder ob sie mit einem Knopf im Ohr am Telefonieren sind, um mit dem zu Hause wartenden Partner die Filmauswahl abzustimmen. Oder ob sie einfach nur einen Dachschaden haben.

Frauen kastrieren Technik

Selbst wenn die Kontaktaufnahme gelungen ist, gibt es immer noch vieles, was schiefgehen kann, das wissen wir bereits. Aber wir wissen noch längst nicht alles, noch nicht einmal, was Baumärkte betrifft.

Lars Ruprecht hat auch weibliche Kolleginnen. Eine von ihnen hat sogar einen prächtigen Zopf aus langen blonden Haaren und arbeitet in der Werkzeugabteilung. Diese Kollegin sieht nun einen Kunden vor dem Regal mit den Schleifwerkzeugen, wie er sich hilfesuchend umsieht. Sie geht, ihrer Profession entsprechend, zu ihm hin und fragt: »Kann ich Ihnen helfen?«

»Ja, können Sie mal einen Kollegen holen?«

»Suchen Sie jemand bestimmten?«

»Nee, ich hätte nur mal eine Frage wegen Schleifen.«

»Da können Sie mich ja fragen.«

Der Kunde lacht. »Ach nee, holen Sie mal lieber einen Kollegen.«

Sie guckt den Kunden an wie eine entnervte Mutter ein trotziges kleines Kind und geht los, um einen Kollegen zu holen. Dann läuft es, wie es immer läuft: Der Kunde kommt mit seiner Winkelschleifer-Spezialfrage rum, und der Kollege muss die Frage an die Mitarbeiterin mit dem blonden Zopf zurückgeben, die sich besser auskennt mit den feinen Unterschieden zwischen Schleifmaschine A und Schleifmaschine B. Der Kunde wiederum hebt die Hände in den Himmel und deklamiert: »Kann ja keiner wissen, dass ausgerechnet SIE da jetzt so 'ne Expertin sind!«

Mit derartigem Klamauk müssen die weiblichen Angestellten wohl leben. Genauso wie die Mitarbeiterin bei der Service-Hotline eines Elektro-Herstellers, die sich regelmäßig mit dem Satz konfrontiert sieht: »Ich hab da mal 'ne technische Frage, kann ich bitte mit einem Mann sprechen?«

Eine technische Frage! Bei der Service-Hotline für Elektroartikel! Und dann geht ausgerechnet eine Frau an den Hörer, wie ist die nur dahin geraten?

Ihre einzige Chance liegt in der Antwort: »Ich bin Kastrat, schießen Sie los.«

Denn an dieser Stelle eine feministische Diskussion vom Zaun zu brechen, wäre eventuell zermürbend und aussichtslos.

2

»Möchten Sie unsere Kundenkarte testen?«

Der Fluch der Wiederholung

Postleitzahlen aus der Hölle

Eleonore Richter ist Kassiererin in einem Supermarkt. Wie in allen Supermärkten ist es dort zu bestimmten Zeiten brechend voll. Aber nicht mit Leuten, die von Eleonore Richter aus persönlicher Sympathie dorthin eingeladen worden sind, und auch nicht mit den erwartungsfrohen Besuchern einer Opernaufführung, sondern mit Menschen jeglichen Charakters und in jeglicher Verfassung, von heiter bis unterirdisch.

Weil alle immer einkaufen gehen müssen, um sich zu versorgen, ziehen sie alle irgendwann an Eleonore Richters Kassierband vorüber. Die gut Gelaunten und die mies Gelaunten und solche, die sehr in Eile sind, weil der cholerische Ehemann zu Hause schon mit steigendem Blutdruck auf das Essen wartet. Menschen mit starken Zahnschmerzen. Menschen, die gerade erfahren haben, dass sie ihren Job verlieren oder dass ihr Vater gestorben ist. Frisch Verliebte und chronisch zerstrittene Paare, strahlende Sieger und von Sorgen gebeugte Existenzen. Je voller es ist, umso geballter die Ladung menschlicher Macken, Tragödien und Abgründe, die gemeinsam mit ihren Waren an die Kasse kommen.

Und ihnen allen, jedem Einzelnen davon, egal wie sehr Eleonore Richter auch schon von weitem sehen kann, dass dies nicht der Moment dafür ist, jedem muss sie die Frage stellen: »Möchten Sie unsere Kundenkarte testen?«

Willkommen im Albtraum.

Früher hat Eleonore Richter mal in der Filiale einer großen Schreibwarenhandelskette gearbeitet. Dort galt die gnadenlose Anweisung, jedem Kunden zu seinem Einkauf noch andere Produkte aus dem Sortiment anzubieten, und zwar nicht nur eines. Kam jemand mit einem Päckchen Briefumschläge an die Kasse, musste Eleonore Richter fragen: »Brauchen Sie vielleicht noch Schreibpapier dazu?«

Kaum ein Kunde empfand das als besonders hilfreich oder auch nur als normal.

»Äh, nein danke, wenn ich Schreibpapier bräuchte, hätte ich es mir ja genommen, nicht wahr?«

»Na klar. Aber vielleicht noch einen Kugelschreiber?«

»Auch nicht.« An diesem Punkt starrte der Kunde Eleonore Richter bereits entgeistert an, Peinlichkeit und Verzweiflung wuchsen bei ihr durch die Decke. Aber es gab kein Entkommen, jeder Kunde konnte ein Testkäufer für die Geschäftsführung sein, der die »Qualitätsstandards« überprüfen sollte. Also weiter im Text:

»Außerdem haben wir heute bedruckte Papierservietten im Angebot.«

»Hören Sie mal. Ich will einfach nur diese Briefumschläge kaufen. Wenn Sie die jetzt bitte endlich abkassieren würden?«

Manche Kunden verließen den Laden fluchtartig, voller Panik, von einer verrückt gewordenen Verkäuferin mit sämtlichen Artikeln des Ladensortiments beworfen zu werden. Eleonore Richter konnte nur hoffen, dass keiner von ihnen in ihrer Nachbarschaft wohnt oder ihr beim nächsten Elternabend in der Schule ihrer Kinder wieder begegnet.

Schrecklich erging es auch der Kassiererin, die an der Kasse in jenem Baumarkt sitzt (wir werden nicht loskommen von diesem Genre), in dem eine Zeitlang tatsächlich jeder Kunde vor dem Bezahlen nach seiner Postleitzahl gefragt werden musste. Bei diesem Verfahren war nicht mehr ab und zu mal ein Kunde genervt, da waren alle Kunden komplett aus dem Häuschen.

Ständig musste die Kassiererin ausführlich erklären, wozu sie das denn bitteschön wissen wolle, während die Schlange hinten länger und länger wurde. Sie musste mit Kunden Datenschutzdiskussionen führen, denen sie nicht gewachsen war, und sich Beschimpfungen anhören, von denen sie heute noch träumt. Und natürlich konnte sie niemals ehrlich sagen: »Entschuldigen Sie bitte, ich finde das auch fürchterlich, aber ich brauche den Job, um meine Miete zu zahlen.«

Über die Kunden, die ihr einfach eine Fantasie-Postleitzahl genannt oder schlicht mit »Nein« geantwortet haben, konnte sie sich richtig freuen.

Gerade in solch schweren Fällen von fortgeschrittenem Unternehmensschwachsinn sollte aber keinesfalls die Kassiererin auch noch zur Adressatin für das Abreagieren von Ärger werden. Auch dann nicht, wenn der Ärger an sich berechtigt ist.

Wenn in einem solchen Moment allerdings der Firmenchef zur Tür hereinkommt, auf dessen Mist solche Ideen gewachsen sind, dann hat man den richtigen Adressaten zum Abreagieren von Ärger vor sich. Dafür kann man ruhig auch noch einmal tief Luft holen und richtig Anlauf nehmen. Und dann los!

Will ich nicht, will ich doch

Der Kunde ist kein genormtes Wesen. Jeder Einzelne hat so seine eigenen Prinzipien, Vorlieben und Abneigungen, und die Prinzipien, Vorlieben und Abneigungen von drei Kunden, die hintereinander an der Kasse stehen, können komplett verschieden voneinander sein. Oder auch nicht. Man weiß es nie.

Dirk Wiesenberg arbeitet zwar schon viel länger als Kassierer bei einem großen Outdoor-Ausstatter, als er es jemals gewollt und geplant hatte, aber er besitzt noch immer nicht die Fähigkeit, in die Köpfe der Kunden zu blicken, die sich mit ihren Gore-Tex-Jacken, Schlafsäcken und Insektenschutzmitteln bei ihm an der Kasse anstellen. Er scannt die Artikel, nennt den Preis und packt die Sachen dann standardmäßig in eine Tüte.

Erwartbar schwierig wird dieses Prozedere allerdings jedes Mal, wenn jemand einen Rucksack gekauft hat. Weil viele Leute den Rucksack kopfschüttelnd wieder aus der Tüte herausgenommen haben (»Ich brauch doch keine Tüte für einen Rucksack!«), fragt Dirk Wiesenberg jetzt immer erst einmal nach: »Soll ich Ihnen den Rucksack in eine Tüte tun?«

Fünfzig Prozent der Kunden gucken ihn dann vorwurfsvoll an und antworten leicht konsterniert: »Ja. Bitte.« Die anderen fünfzig Prozent gucken ihn vorwurfsvoll an und sagen etwas beleidigt: »Natürlich nicht!«

Für Verkäuferinnen in größeren Warenhäusern ist es besonders schwierig, abzuschätzen, wie viel oder wie wenig Aufmerksamkeit sich die Kunden wünschen. Durch Warenhäuser schlendern manche Menschen gern endlos hindurch, als Ersatzspaziergang vielleicht, weil es draußen regnet. Sie lassen hier mal einen Seidenschal durch die Hände gleiten und bewundern dort eine schöne runde Teflonpfanne. Bei ihrem kontemplativen Schweben durch die Warenwelt wollen sie nicht gestört werden und reagieren auf Ansprache mit einem verstörten »Ich will nur gucken!«

Andere wieder betreten das Geschäft mit einer konkreten Kaufabsicht, die sie möglichst schnell abwickeln wollen, und dann nichts wie raus.

Cornelia Reiber arbeitet vornehmlich in der Haushaltsabteilung in der dritten Etage. Sie behält, so gut es eben geht, die Kunden im Auge, und versucht dabei abzuschätzen, wer von ihnen nur spazieren geht und wer etwas sucht.

An einem sonnigen Dienstagvormittag kann es in ihrer eher abgelegenen Abteilung auch mal sehr lange sehr leer sein. Dann steht sie manchmal plaudernd mit einer Kollegin zusammen, wie es alle normalen Büroangestellten überall auf der Welt mehrmals am Tag tun. Mit dem Unterschied, dass Büroangestellte nicht unter Kundenbeobachtung stehen.

Und so kommt die einzige herumstromernde Kundin, die sich vorher natürlich geschickt als lustwandelnde Spaziergängerin ohne spezifisches Kaufinteresse getarnt hatte, auch genau dann mit spitzen Worten auf sie zu: »Dürfte ich Ihr Schwätzchen wohl mal kurz mit einer Frage stören, oder wäre das zu viel verlangt?«

Überflüssiges und so was

Wiederholungen sind das Herzstück und das eigentliche Wesen der Nerverei. Ohne ständige Wiederholung kommt ja kaum eine Foltermethode aus.

In allen dienstleistenden Berufen gibt es tonnenweise Fragen und Floskeln, die andauernd wiederholt werden müssen, hunderte Male am Tag, tausendmal pro Woche, in nicht auszuhaltender, schwindelerregender, ekelhaft großer Zahl, wenn man es sich selbstquälerisch schon mal auf Jahre im Voraus ausrechnen will.

Der Fluch der Wiederholung lauert aber nicht nur in all den Fragen und Phrasen, die Kassierer, Verkäufer und andere Berufsgruppen gegenüber Kunden ständig durchzudeklinieren haben (man denke nur an die ewig gleichen Ansagen, Fragen und Gesten, die Flugbegleiter mehrmals täglich vorführen müssen). Hinzu kommen auch noch die sich wiederholenden Fragen und Phrasen, die von den Kunden kommen.

Die Kunden selber, die ja nur ab und zu ein bestimmtes Geschäft betreten und dort in eine bestimmte Situation kommen, die nur ab und zu Taxi fahren oder essen gehen, halten ihre Fragen für das Harmloseste der Welt. Für wiederholungsgeplagte Dienstleister aber werden sie manchmal zu Sprengsätzen.

Hier ein Beispiel. Anders als in dem Outdoor-Geschäft, in dem Dirk Wiesenberg an der Kasse sitzt, wird in vielen Geschäften, in Supermärkten, aber auch in kleineren Läden, eine Tragetüte für die gekaufte Ware nicht routinemäßig dazugereicht.

In dem Comic-Laden, in dem Philipp Träger arbeitet, ist das jedenfalls auch so. Kunden können wohl eine Tüte bekommen, wenn sie das wünschen, aber sie müssen schon danach fragen. Das Schreckliche ist nur, dass alle diese Frage immer genau gleich unsinnig formulieren: »Haben Sie vielleicht noch ’ne Tüte oder so was?«

Diese Frage zieht Philipp Träger regelmäßig den Stecker raus. Tüte *oder so was*. Am Anfang war es nur eine Frage. Irgendwann bekam er davon dieses Kratzen im Hals, und mittlerweile hat es sich zu einer handfesten Allergie ausgewachsen. Was in aller Welt soll dieses »so was« sein, das alle immer vielleicht auch noch nehmen würden, als Alternative zur Tüte? Ein Koffer? Ein Schuhkarton? Wer eine Tüte haben will, soll nach einer Tüte fragen, denn eine Tüte ist eine Tüte ist eine Tüte.

Philipp Träger sieht sie jetzt überall. Leute, die im Café nach einer »Gabel oder so was« fragen und im Schuhgeschäft nach einem »Schuhlöffel oder so was«.

Dass andere Verkäufer seine Allergie teilen, hat Philipp Träger schon bemerkt. Die Kunden ahnen davon nichts. Wahrscheinlich meinen sie es nur freundlich oder sind unsicher, aber das hilft nichts. Er kann es einfach nicht mehr hören.

Einmal hatte Philipp Träger sich vorgenommen, dem nächsten Kunden, der es schafft, einfach nur nach einer Tüte zu fragen, schnörkellos und ohne »so was«, seinen Einkauf zu schenken. Es kam aber keiner, der das Kriterium erfüllen konnte.

Was dem Verkäufer sein »oder so was«, ist den Taxifahrern die Frage: »Sind Sie frei?«

Mit eingeschaltetem Taxischild auf dem Autodach sitzen sie wartend in ihren Wagen am Taxistand. Warum wohl würden sie das tun, wenn sie nicht auf Fahrgäste warteten? Dieser Offensichtlichkeit zum Trotz stellt erst einmal jeder, der die Wagentür öffnet, die überflüssigste Frage der Welt: »Sind Sie frei?«

Zusätzlich zum schmerzhaften Wiederholungsfaktor ist diese Frage aber auch noch durch eine inhaltliche Schräglage belastet. Wollen die Leute wirklich wissen, ob der Taxifahrer schon vergeben ist? Ob er der Idee eines freien menschlichen Willens anhängt oder eher dem Determinismus zugeneigt ist? Natürlich, die Leute identifizieren sich sprachlich auch sonst verblüffend gerne mit ihrem Auto. (»Wo stehst du denn?« – »Ich stehe da drüben auf der anderen Straßenseite.«) Aber dennoch: Die Frage bleibt überflüssig. Ein wartendes Taxi mit hell erleuchtetem Schild ist frei. Man steige ein, begrüße freundlich den Fahrer und sage ihm, wo es hingeht.

In diese kleine Sammlung der überflüssigen Phrasen, die einen Menschen auf Dauer in den Wahnsinn treiben können, gehören in jedem Fall auch all die Fragen, die mit der Einleitung »Ich hab da mal 'ne Frage« beginnen (oft gefolgt von einer seltsam gewichtigen Pause). Zumal, wenn sie an die Mitarbeiter von Service-Hotlines gerichtet werden, bei denen ausschließlich Leute anrufen, die Fragen haben.

Ausgerutschte Patienten

Natürlich haben nicht nur Verkäufer, Flugbegleiter und Taxifahrer viel mit Menschen zu tun. Kunden können auch Passagiere heißen oder Fahrgäste, aber manchmal heißen sie auch Patienten.

Eine hilfsbereite Klinikärztin hat hier ihre persönlichen Top-5 der zeitlosen, zuverlässig wiederkehrenden Patienten-Reaktionen zusammengetragen:

1. Vor dem Blutabnehmen wird von fünfzig Prozent aller

Patienten die eigene, angeblich unbezwingbar schlechte Venensituation angeprangert.

2. Patienten, die eine Infusion bekommen sollen, müssen in dem Moment, in dem die Infusion gelegt werden soll, immer noch schnell mal aufs Klo gehen. (Achtzig Prozent der gehfähigen Patienten.)

3. Bei der Frage nach Gewicht, Alkohol-, Zigaretten- und Drogenkonsum wird allerlei Reumütiges gemurmelt. (Siebzig Prozent der Befragten, Ausnahme: Obdachlose.)

4. Kommen Patienten in die Klinik, weil Alltagsgegenstände, die da nicht hingehören, in Körperöffnungen stecken geblieben sind, wird das mit einem Ausrutschunfall nach dem Duschen begründet. (Hundert Prozent aller Fälle.)

5. Beim Anlegen der EKG-Elektroden wird ein Witz über den elektrischen Stuhl gemacht. (Bei dreißig Prozent der unter Fünfzigjährigen und neunzig Prozent der über Fünfzigjährigen.)

Über sich wiederholende Witze müssen wir jetzt allerdings gleich noch mal gesondert reden. Dazu ist nämlich längst noch nicht alles gesagt.

3
»Das kostet dann wohl nichts!«
Jeden Tag derselbe Spruch

Herr Huber ist heute auch schwanger

Hertha Murnau hat es im Beruf ebenfalls mit Patienten zu tun, denn sie ist Zahnärztin.

Wie in jeder anderen ärztlichen Praxis auch müssen alle Patienten, wenn sie zum ersten Mal zu ihr kommen, einen Anamnesebogen ausfüllen. Auf diesem Formular wird nach Allergien, chronischen Beschwerden und regelmäßig einzunehmenden Medikamenten gefragt, aber auch danach, ob man aktuell schwanger ist. Letzteres ist ganz klar eine Frage, die nur Frauen betrifft. Hertha Murnau und alle ihre Sprechstundenhilfen wissen das sehr gut, sie sind alt genug dafür.

Ein gutes Drittel aller männlichen Patienten lässt es sich dennoch nicht nehmen, eine Antwort unter die Schwangerschaftsfrage zu setzen. Der Reiz, den die Frage auf das männliche Witzzentrum ausübt, ist einfach zu groß. Zwei Antwort-Varianten dominieren dabei das Feld, und zwar: »Fünfter Monat!« und »Heute noch nicht getestet!« (Das Ausrufezeichen gehört unbedingt dazu).

Im Resultat füllen weit mehr Männer als Frauen die Zeile unter der Schwangerschaftsfrage aus. Die Quote männlicher Witzbolde ist damit sehr viel höher als die der schwangeren Frauen. Was das gesellschaftlich bedeutet, muss erst noch untersucht werden, aber vielleicht liegt hier ja ein wichtiger Hinweis auf noch unerforschte Zusammenhänge für den viel beklagten Geburtenrückgang verborgen.

In Hertha Murnaus Praxis jedenfalls löst jeder Anamnesebogen mit Schwangerschaftswitz bestenfalls ein Gähnen aus. Leider kann es dabei aber auch zu ungeahnten Peinlichkeitssteigerungen kommen. Männer, die ihren Witz hinkritzeln und es damit gut sein lassen, sind innerhalb der Scherzkeksgruppe noch die akzeptableren Exemplare. Es gibt nämlich auch solche, die auf eine Reaktion warten.

Sie geben der Sprechstundenhilfe den Bogen schon mit einem verschmitzten Lachen zurück und bleiben dann erwartungsfroh stehen. Die Sprechstundenhilfe weiß sofort: Dieser Mann hat einen Schwangerschaftsgag gemacht und erwartet jetzt, dass ich lache. Je nach Mentalität gehen Sprechstundenhilfen unterschiedlich mit dieser Herausforderung um. Manche versuchen, die Situation professionell zu ignorieren, andere setzen auf Konfrontation: »Jaja, ich sehe. Sie sind im fünften Monat. Setzen Sie sich bitte noch mal kurz zurück ins Wartezimmer, da können Sie sich gerne noch mit Herrn Huber austauschen, der ist auch im fünften Monat.«

Die ganz Hartnäckigen erwarten dann auch noch von der Frau Doktor eine kleine Gratulation zu ihrem gelungenen

Witz auf dem Anamnesebogen, wenn die sich nicht eh schon vor Lachen auf dem Boden rollt.

Ich habe mein Hörgerät zurückgespult

Der Held des Versdramas »Cyrano de Bergerac« hat eine riesige Nase. In Steve Martins Verfilmung des Stoffes mit dem Titel »Roxanne« rasselt er auf Anfrage und ohne langes Überlegen 25 Nasenwitze herunter, unter anderem »Ist das Ihre Nase, oder parkt da gerade ein Bus in Ihrem Gesicht?«, »Sagen Sie, wer mäht eigentlich Ihre Nasenhaare?« und »Können Sie damit auch die Gezeiten beeinflussen?«. In Sachen Nasenwitz gibt es keine Überraschungen für den, der die große Nase hat. Er allein ist der größte lebende Experte für Nasenwitze, ob er es will oder nicht.

Dieser Problematik überaus ähnlich ist das Tragen eines komischen oder sonst wie bemerkenswerten Namens, besonders, wenn sich dieser Name auch noch als Kommentar zum gewählten Beruf lesen lässt. Die Frisörin Daniela Weißhaar, Klaus Pech, der eine Lottoannahmestelle betreibt, oder Frau Marode, die in einer Berliner Bezirkskasse sitzt, könnten alle sofort promovieren über das Thema »Die Genese der Witze über meinen Namen im Allgemeinen und in berufsspezifischen Zusammenhängen im Besonderen von meiner Schulzeit bis zur Gegenwart«.

Der sensible Leser ahnt, dass der Schrecken an all dem gar nicht mal in der unfreiwilligen Anhäufung von Witzen und Wortspielen liegt. Das wirklich Schlimme, das manchmal kaum noch Erträgliche, ist immer wieder die Situation selber: Die ständige Wiederkehr des immer gleichen Witzboldes, der sich selbst jedes Mal für unglaublich originell hält, während man selber bereits Schränke voller Ordner mit allen Varianten dieses einen Gags füllen kann.

Wer zum Beispiel als Verkäufer oder Akustiker von Hörgeräten arbeitet, der wird sein Leben lang immer wieder diesen einen Witz hören:

»Was machen Sie beruflich?«

»Ich verkaufe Hörgeräte.«

(Mit einer Hand am Ohr) »Was?«

Dies ist die genau richtige Stelle, um einen weiteren Helden der Arbeit kennenzulernen. Es handelt sich um den freundlichen Videothekar Benjamin Schiffer, der erwiesenermaßen stellvertretend für alle Videothekare der Welt spricht, wenn er davon erzählt, welchen Spruch er wirklich, ehrlich und mit absoluter Sicherheit oft genug gehört hat.

Vorausschickend muss man kurz in Erinnerung rufen, dass Videothekare noch immer Videothekare heißen, obwohl in den Videotheken kaum noch Videos in Form von Kassetten verliehen werden, sondern fast ausschließlich DVDs. Ein paar vereinzelte Filme auf Videokassetten liegen hier und da vielleicht noch herum. Auf jeden Fall aber ist die vor einigen Jahren ausrangierte VHS-Technologie in der Erinnerung der

Kunden noch sehr präsent, zusammen mit der obsolet gewordenen Aufforderung der Videotheken, die Kassetten vor der Rückgabe doch bitte wieder zurückzuspulen.

Hätte man sich zehn bis fünfzehn Jahre früher mit Benjamin Schiffer unterhalten, wäre das Nichtzurückspulen von Videos wahrscheinlich noch Ärger-Thema Nummer eins gewesen. Genau der Umstand, dass man DVDs nun nicht mehr zurückspulen muss, ja gar nicht zurückspulen kann, bietet aber jetzt die Grundlage für den Videotheken-Standard-Gag schlechthin.

Sobald ein verdächtiger Kunde mit seinen Rückgabe-DVDs den Laden betritt, so einer, dem er schon von Weitem ansehen kann, dass er vermutlich einen Clown gefrühstückt hat, schickt Benjamin Schiffer reflexartig ein Stoßgebet los – *Bitte bitte, sag es nicht. Sag nicht den Spruch!* –, aber helfen tut das nicht immer:

»Ich wollte die DVDs hier abgeben. Hab auch alles zurückgespult!«, *zwinker, zwinker.*

Wenn man die Frau fürs Leben nicht findet, dann kostet das auch nichts

Oftmals am Tag passiert es beim Durchscannen der Ware, dass ein Artikel vom Scanner nicht erkannt wird. Unsere erfahrene Supermarktkassiererin Eleonore Richter schätzt, dass bei jedem größeren Einkauf so ein Artikel dabei ist. Außerdem schätzt sie, dass sechzig Prozent aller Kunden in dieser Situation den gefürchteten »Das kostet dann wohl nichts«-Scherz machen. An einem durchschnittlichen Tag hört sie diesen Witz fünf- bis sechsmal.

Da hält sie also wieder eine Dose Tomaten in der Hand, die nicht eingelesen wird. Womöglich hat sie unmittelbar vorher schon bei drei Telefonierern und einem arroganten Karten-Hinhalter kassieren müssen und wurde diverse Male für die unvermeidliche Frage nach der Kundenkarte abgekanzelt. Mit anderen Worten, sie kommt nicht frisch vom Motivationstraining. Und jetzt liest der Scanner die Tomaten nicht ein. Sie sieht schon, wie sich ein Lächeln in das Gesicht des Kunden schleicht, es ist dieses ganz bestimmte Lächeln, das nichts Gutes verheißt, das erkennen lässt, dass sich im Kopf des Kunden eine originelle Idee ankündigt. Und dann macht er den Mund auf, es ist nicht mehr zu verhindern.

»Das kostet dann wohl nichts!«, sagt er strahlend und wendet sich dabei auch noch an die Kundin hinter ihm, die soll doch auch mitlachen können! Eleonore Richter macht still eine schnelle Meditationsübung, lächelt tapfer und tippt den Barcode per Hand ein. Was soll sie sonst auch tun. Dem Impuls folgen und in ein lautes Wolfsgeheul ausbrechen? Vielleicht am allerletzten Arbeitstag vor der Pensionierung, sie freut sich schon drauf.

In manchen Supermärkten sind die Kassiererinnen auch dazu angehalten, jeden einzelnen Kunden zu fragen, ob er denn auch alles gefunden habe. Marketingstrategen haben sich da nämlich Folgendes überlegt: Wenn der Kunde etwas sucht und nicht findet, dann ist das ganz schlecht fürs Geschäft! Denn jeden Artikel, den der Kunde nicht gefunden hat, kann er auch nicht zur Kasse bringen, und alles, was der Kunde nicht zur Kasse bringt, muss er dort auch nicht bezahlen, und das ist dann eine verlorene Einnahme fürs Business. Was tun gegen diese Gefahr?

Die brillante Lösung, zu der man gelangt ist, liegt darin, dass die Kassiererinnen halt einfach jeden noch mal fragen sollen, ob er auch alles gefunden habe. An den Kassiererinnen müssen schließlich alle Kunden vorbei, wir erinnern uns, *alle* Kunden, auch die, die sich gerade mit Mordgedanken tragen oder bereits auf der Flucht vor der Polizei sind oder dringend ihre Drogen brauchen. So kommt es, dass Kunden die Frage nur selten so beantworten, wie sich die Marketingstrategen das bei Einführung ihrer Idee vorgestellt haben. Ein Kunde, der zum Beispiel sein geliebtes Erdbeer-Basilikum-Eis nicht finden konnte, hat wahrscheinlich schon vorher, während seines Einkaufs, danach gefragt.

Für die Frage: »Haben Sie alles gefunden?«, bleibt da letztendlich nur die Funktion eines unausweichlichen Scherzmagneten übrig, für Sprüche von der Sorte: »Hab leider keinen Geldkoffer gefunden« oder »Die Frau fürs Leben fehlt mir noch.«

Als Mann fürs Leben empfiehlt man sich damit allerdings nicht.

Die ganze Witzfolter kann letztendlich nur vom Kunden selber eingestellt werden. Wenn man das nächste Mal Lose kauft, sage man zum Losverkäufer darum nicht mehr »Einmal den Porsche, bitte«, zu Barkeepern nicht »Einmal Luft rauslassen« und in der Apotheke niemals »Ich hol mir mein Mittagessen ab«.

Wenn man sich eine Bild-Zeitung kauft, frage man den Kioskverkäufer nie wieder nach »Bildung«, und Kellnern und Tresenkräften erspare man die Erklärung, ihr Laden sei ja schon »mein zweites Wohnzimmer«. Die Antwort »Nein danke, ich muss noch fahren!« sollte ausschließlich Gelegenheiten vorbehalten sein, in denen man Alkohol oder andere Drogen angeboten bekommt. Für Fragen wie »Möchten Sie noch einen Nachtisch?« oder »Schöne Rose kaufen?« streiche man sie aus dem Repertoire.

Und wenn man eine Tüte angeboten bekommt (diese Variante gibt es ja auch), vermeide man die Antwort: »Danke, ich rauche nicht.«

Macht Werbung nur geizig oder auch blöd?

Für die Mitarbeiter großer Betriebe gibt es manchmal noch ein anderes Problem, nämlich Werbekampagnen, insbesondere wenn sie lustig angelegt sind.

Eine große Baumarktkette wurde mit TV-Spots beworben, in denen man Legionen von Angestellten sehen konnte, wie sie zu der Melodie eines bekannten Diskokrachers singend durch die Hallen turnen und dabei beteuern, dass dem Kunden in diesem Baumarkt alle Heimwerkerwünsche erfüllt werden, die überhaupt nur denkbar sind. Möglicherweise handelt es sich bei den gezeigten Personen noch nicht einmal um die echten Angestellten des Baumarktes, sondern nur um Darsteller, die extra für die Werbung gecastet wurden. Das wäre denkbar, denn in der Werbung ist vieles oft nicht echt. Lars Ruprecht jedenfalls war bei dem Dreh nicht mit von der Partie.

Trotzdem kann man beim Besuch in einer Filiale der beworbenen Baumärkte manchmal folgende Beobachtungen machen: Gruppen von Jugendlichen schmettern den Song aus der Werbung schon am Eingang und dann jedes Mal wieder, wenn sie irgendwo einen Baumarktmitarbeiter sehen. Wenn Lars Ruprecht gerade eine Palette mit Fliesen einräumt, wird er von einem scherzboldigen Kunden in den Arm geknufft: »Na, Meister, Sie arbeiten ja richtig. Ich dachte, hier wird immer nur gesungen und getanzt!« Zur Illustration singt der Kunde dazu noch das unerträgliche Lied.

Und auch die Kassiererin der Baumarktfiliale erzählt, dass sie mehrmals täglich gefragt werde, ob sie denn auch mitgetanzt habe für den lustigen Werbespot. Sie kann das verneinen, aber meistens stimmt dann ein anderer Kunde in der Kassenschlange schon wieder die einschlägige Melodie an und ist ganz enttäuscht, wenn die Kassiererin nicht mitsingen will.

Aber auch andere sorglos in die Welt gesetzte Werbeslogans wie »Geiz ist geil« oder »Ich bin doch nicht blöd!« werden in Kundenhand schnell zu Waffen gegen die Mitarbeiter des jeweiligen Unternehmens, wie man sich leicht ausmalen kann. Denn wie schon ein altes Sprichwort sagt: *Kundenmund tut Werbung kund.*

»Nein, Sie können diesen bereits benutzen Rasierapparat, für den Sie keinen Kaufbeleg mehr haben, leider nicht umtauschen.«

»Das will ich aber.«

»Das geht nicht, Sie haben keinen Bon, keine Verpackung und den Apparat schon intensiv benutzt.«

»Hab ich nicht.«

»Und woher kommen die Bartstoppeln?«

»Die seh ich selber, junger Mann! ICH BIN DOCH NICHT BLÖD!«

Oder eben:

»Nein, leider kann ich Ihnen auf diesen nagelneuen High-End-Flachbildschirm nicht mal eben fünfzig Prozent Rabatt geben.«

»Der ist aber ganz schön teuer!«

»Ja, das ist ja auch das teuerste Modell im Sortiment.«

»Aber SIE sagen doch immer: Geiz ist geil! Ich bin Ihr idealer Kunde: geizig und geil, und ich will jetzt Rabatt!«

Und damit sind wir auch schon beim nächsten heiteren Thema.

4

»Krieg
ich das billiger?«

Ungeiler Geiz

Wir sagen irgendwas

Trotz seiner schwerwiegenden »Oder so was«-Allergie mag Philipp Träger seinen Job und die Kunden im Comic-Laden ziemlich gerne. Zusammen mit ein paar ebenso merkwürdigen wie auch freundlichen Kollegen in einem kleinen spezialisierten Laden zu stehen, ist natürlich auch etwas anderes, als sich an einer Supermarktkasse zu verdingen. Philipp Träger mag Comics, und in den Laden kommen Leute, die ebenfalls Comics mögen. Die Atmosphäre ist weitgehend entspannt, und es läuft die Musik, die Philipp Träger tatsächlich gerne hören möchte.

So kann man Arbeit eine Zeitlang ganz gut aushalten. Und auch, wenn ab und zu mal ein Kunde nach der »Tüte oder so was« fragt, dann steigen Philipp Träger zwar Tränen in die Augen, und er möchte den Kunden schütteln und anbrüllen, aber letztendlich würde er das ja gar nicht böse meinen.

Es gibt allerdings eine spezielle Sorte Kunden, die nicht einfach nur durch einen einzigen unsinnigen Satz negativ auffallen, den man ihnen zumindest theoretisch auch abgewöhnen könnte, sondern die mit ihrer besonders schlauen Art gerne ganz zu Hause bleiben dürfen. Ein Kunde eben dieser Sorte kommt mit drei Artikeln an die Kasse, ein brandneuer Comicband für fünfundzwanzig Euro und zwei herabgesetzte Hefte für je fünf Euro. Die legt er vor Philipp Träger auf den Ladentisch und sagt übertrieben selbstbewusst: »Sagen wir dreißig.«

Sagen *wir*? Ist das jetzt ein Pluralis majestatis oder doch eher ein impliziter Befehl, der da sagt: Ich sage dreißig, und du sagst das gefälligst auch!? Wie auch immer, Philipp Träger greift die Taktik des Gegners auf und sagt seinerseits: »Sagen wir fünfunddreißig.«

Der Kunde rechnet im Geiste schnell noch mal nach, wobei ihm klar wird, dass es sich bei fünfunddreißig um den ganz normalen Preis handelt. Er guckt ein bisschen verdutzt, aber bevor er noch mal etwas sagen kann, sagt Philipp Träger: »Ganz richtig gehört. Das ist der ganz normale Preis.«

Defekt, komm raus

Sandra Grissemeyer hat es nicht ganz so gut wie Philipp Träger, sie arbeitet in einem Shopping-Center in der Filiale einer großen Bekleidungskette. Das fängt schon mal damit an, dass sie sich dort die Musik nicht selber aussuchen kann, sondern einfach nur ertragen muss.

Jetzt kommt eine Kundin zu ihr an die Kasse. Sie hat sich

eine weiße Bluse herausgesucht, die sie Sandra Grissemeyer traurig unter die Nase hält.

»Gucken Sie mal, die Bluse zieht hier einen Faden.«

»Wo?« So richtig klar erkennen kann Sandra Grissemeyer den Mangel nicht.

»Na hier. Sonst finde ich die ja ganz schön. Aber leider der Faden … «

»Die hängt ganz bestimmt noch mal in dieser Größe im Regal. Ich geh mal nachsehen.«

»Nee, lassen Sie mal.«

»Die hat dann keinen Faden.«

»Nee, nee. Geben Sie mir doch einfach einen Rabatt auf die hier. Sagen wir zehn Euro.«

»Ich kann Ihnen doch eine andere Bluse holen, ohne Defekt.«

»Ich will keine andere Bluse! Ich will einen Rabatt!«

Sandra Grissemeyer kennt dieses Phänomen bereits zur Genüge. Die Kundin beklagt zwar nach Kräften einen Defekt an der Ware, aber das hält sie nicht im Entferntesten davon ab, den Artikel trotzdem haben zu wollen. Mehr noch, sie will sogar unbedingt genau diese Bluse mit diesem Defekt haben. Wahrscheinlich hat sie sich sogar *wegen* des Fadens für diese Bluse entschieden, auch wenn sie jetzt so tut, als sei die Bluse durch den kleinen Faden komplett inakzeptabel. Den in ihrem Verhalten deutlich zutage tretenden Widerspruch will sie dabei natürlich nicht wahrnehmen.

Die schiere Aussicht auf einen Preisnachlass besitzt einen derart magischen Reiz, dass jeder Makel an der Ware dabei in den Hintergrund tritt. Manche Kunden sind regelrecht darauf spezialisiert, Fäden, Flecken und Kratzer aufzuspüren, wo immer sich diese ausfindig machen lassen. Sie nehmen sich der armen, minderwertigen Artikel an und unterbreiten an der Kasse dann das großzügige Angebot, sie trotzdem zu kaufen. Gegen einen Rabatt.

Mit Bedürftigkeit hat das weithin weniger zu tun als mit dem Kick des Preisnachlasses an sich. Zu den Stammkunden bei Philipp Träger zum Beispiel zählt ein bekannter TV-Star, der bei der Belegschaft zusätzlich noch dadurch berühmt ist, Hefte mit geknickten Ecken und leichten Schäden aufspüren zu können wie kein Zweiter.

»Guck mal hier!«, sagt er dann. »Krieg ich da einen Rabatt?«

Holz ist Holz

Wer beim Einkaufen gerne ein bisschen handeln will, sollte zuerst immer genau gucken, wo er gerade ist, denn davon hängt beim Feilschen vieles ab. Befindet man sich auf einem Basar und hält ein gefälschtes Louis-Vuitton-Täschchen in der Hand, dann wird der Verkäufer nicht überrascht sein, wenn man ihn vom Preis eines echten Louis-Vuitton-Täschchens etwas herunterhandeln will. Weniger aussichtsreich ist es hingegen, mit der Kassiererin im Discounter über den Fanta-Preis verhandeln zu wollen.

Irgendwo dazwischen liegt die Preisrealität des restlichen Einzelhandels.

Gehen wir also am besten erst mal nicht in den Discounter, sondern gleich auf den Basar.

Jens Kniebe handelt nicht mit gefälschten Taschen, sein Business heißt Wurzelholzkästchen. Vor über zehn Jahren hat er in Marokko die ersten erlesenen Schmuckkästchen aus Wurzelholz gekauft und diese dann, zusammen mit anderen Dingen, zu Hause auf dem Weihnachtsmarkt verkauft. Die Schmuckkästchen waren der Renner. Seitdem fährt Jens Kniebe jedes Jahr nach Marokko und lässt dort Schmuckkästen nach eigenen Entwürfen aus dem edlen Thuja-Wurzelholz bauen und mit Schellack lackieren. Er transportiert die Kästchen selber nach Deutschland und steht dann die ganze Saison mit seinen Schatullen auf dem Weihnachtsmarkt. Dort erklärt er den Menschen, die Gefallen an seinen Sachen finden, warum die Kästchen ihren Preis haben: Jedes ein Unikat. Selbst entworfen und von Hand gemacht. Aus einer besonders schönen Holzart, von der nur sehr wenig exportiert werden darf, damit der Bestand nicht gefährdet wird. Muss er in Marokko fertigen lassen und in Marokko wieder abholen, transportieren, Zölle zahlen.

Jens Kniebe sagt also zu dem Interessenten, dem er das alles erklärt hat: 150 Euro für diese Schatulle.

Es ist absolut nichts Dummes oder Ehrenrühriges dabei, das einfach so zu bezahlen. Aber weil wir ja auf einem Basar sind, darf man jetzt auch ungestraft handeln, wenn man das denn gerne tun möchte. Vor allem aber, wenn man ein Mindestmaß von Verständnis und Feingefühl dafür hat, wie so ein Handel überhaupt funktionieren kann. Es kommt beim Handeln nämlich *nicht* darauf an, erst einmal möglichst unverschämt zu sein: »Ach kommse. Holz iss Holz. Ich nehm die für zwanzich.« Dieser Versuch eines Geschäftsabschlusses ist bereits im Anfangsstadium komplett in die Hose gegangen. Wenn der Mann jetzt tatsächlich noch in den Besitz eines Wurzelholzkästchens gelangen will, dann muss er nach Marokko fahren und sich eines schnitzen.

In jedem Fall ist Jens Kniebe in all den Jahren klar geworden, dass bestimmte Testosteronkonstellationen einem geschmeidigen Handelsablauf nicht zuträglich sind. Nichts nervt mehr, als Männer, die sich durch aggressives Feilschen vor ihren Begleiterinnen profilieren wollen. Am schlimmsten wird es, wenn zwei Paare gemeinsam unterwegs sind, und eines der Männchen muss nicht nur seine Frau, sondern auch noch den anderen Mann und dessen weibliche Begleitung damit beeindrucken, was er für ein toller Preisdrücker-Hecht ist. Ein Spektakel am Rande des gerade noch Erträglichen.

Als selbständiger Händler genießt Jens Kniebe dabei allerdings den immensen Vorteil, dass er an seinem Stand machen kann, was er will. Einen unverschämten Möchtegernkunden kann er einfach in die Wüste schicken und dabei ausreichend gute Laune sammeln, um damit frischen Mutes drei neue Kunden zu gewinnen. Sandra Grissemeyer und Lars Ruprecht können von solchen Privilegien nur träumen.

Festpreis führt zu Lächel-Offensive

Ein Ort, an dem man nicht groß verhandeln kann, weil alle Preise sehr genau reguliert sind, ist das Taxi. »Reguliert« heißt in diesem Falle sogar: per gesetzlicher Verordnung festgeschrieben.

Über Taxifahrer lässt sich sagen, dass sie im Allgemeinen Menschen sind wie du und ich. Manche sind Choleriker, und manche stören sich an gar nichts. Larry Albers ist einer von denen, die nichts aus der Ruhe bringen kann. Er ist von großem, bärigem Wesen, und alles, was seine Kollegen an Fahrgästen so auszusetzen haben, prallt an ihm einfach ab. »Ach, na ja. Wenn die halt mal ein bisschen besoffen sind, das ist ja meistens ganz lustig.«

Gibt es nichts, was ihn nervt? Was ist mit Gästen, die Türen zuknallen? Oder Türen offen stehen lassen?

»Och, stört mich nicht so.«

Kurzstrecken? »Sind doch ganz normal.« Die berüchtigte »Sind Sie frei?«-Frage ist ihm noch gar nicht weiter aufgefallen. Wenn es nach Larry Albers ginge, stünde in diesem Buch: *Über das Gewerbe der Taxifahrer lässt sich nicht viel berichten. Sie sind sehr zufriedene Menschen mit angenehmer Kundschaft.*

Aber dann gibt es doch eines. Larry Albers, der unerschütterlichste Taxifahrer der Welt, hat etwas zu beklagen, und es geht dabei um Leute, die einsteigen und ihm dann einen »Festpreis« vorschlagen. Fahrgäste also, die wollen, dass er bei einer ganz normalen Stadtfahrt das Taxameter ausgeschaltet lässt und auf eigene Tasche fährt. »Iss doch gut für den Fahrer *und* für uns!«, meinen sie und vergessen, dass der Taxifahrer dabei Job und Zulassung riskiert.

Larry Albers sagt also: Nein, macht er nicht. Weil er aber ein freundlicher, irgendwie lockerer Typ ist, denken nun manche, vorwiegend jüngere Fahrgäste, es wäre vielleicht ein schlagendes Argument, dass es doch »total uncool« sei, ihren Vorschlag mit dem Festpreis jetzt abzulehnen, nur weil es etwa verboten ist. Larry Albers ist Nachtfahrer, muss man dazu sagen. Außerdem muss man dazu sagen, dass sich von zehn Fahrgästen neun beim vorgeschlagenen Festpreis zu ihren eigenen Ungunsten verschätzen.

»Hallo, wir wollen zum Rathausplatz. Sagen wir für zwanzig Euro.«

»Ich fahr euch ganz normal mit Taxameter, und es werden keine zwanzig Euro.«

»Dann für fünfzehn.«

»Nein.«

»Bist du uncool! Komm, jetzt mach dich mal locker, Alter!«

Was wird Larry Albers dazu wohl sagen? Wird er sich die Haare raufen und schreien: »Um Gottes willen! Bitte haltet mich nicht für uncool! Ich mache alles, was ihr sagt, soll ich euch nach Amsterdam fahren für zwanzig Euro? Ich mach's, denn ich bin cool!«

Nein, das sagt er nicht. Er führt ja den Dialog zum dritten Mal in dieser Woche, und er wiederholt halt das, was er schon am Anfang gesagt hat.

Noch ist Larry Albers der unerschütterlichste Taxifahrer

der Welt. Hoffen wir, dass fanatische Festpreis-Beharrer, die ihm Uncoolness vorwerfen, nicht eine Sollbruchstelle schaffen, durch die langsam, aber sicher das Gift der Frustration einsickert, das ihn binnen einer Frist von zehn Jahren zum Grummelfahrer macht, der vor der nächsten Fußball-WM zur Lächel-Offensive der lokalen Tourismusbehörde geschickt werden muss.

In einem Blumengeschäft dagegen ist es nichts Ungewöhnliches, wenn Kunden den Laden mit einer klaren Preisansage betreten. »Ich hätte gern einen Frühlingsstrauß für fünfzehn Euro« – das ist eine ganz normale Frühlingsstrauß-Ansage.

Kunden allerdings, die ein Buchgeschäft betreten mit dem Wunsch: »Ich hätte gern ein Buch für fünfzehn Euro«, werden eine Buchhändlerin wie Sonja Hermann damit schwer irritieren. Wem der Unterschied nicht einleuchtet, dem kann man das Problem an dieser Sache wahrscheinlich auch nur schwer vermitteln, was aber nichts daran ändert, dass da eines ist.

Jedenfalls, wenn schon ahnungslos, dann sollte man offensiv vorgehen und sagen: »Guten Tag, ich möchte jemandem ein Buch schenken, habe aber überhaupt keinen Schimmer. Es geht um eine 30-jährige Frau, die gerne liest. Können Sie mir bitte einen fantastischen Tipp geben?« Damit hat Sonja Hermann gar kein Problem, das ist ihr Job, und den macht sie gerne. Wenn sie dann einen Bildband für fünfzig Euro aus dem Regal zieht, kann der Kunde ja immer noch hinzufügen: »Sehr schön, aber ich dachte eher an ein Reclam-Heft.«

GZSZ säuft umsonst

Und dann gibt es noch Branchen, in denen es Kunden noch nicht einmal um Rabatte oder Festpreise geht, sondern gleich darum, für ganz umsonst zu konsumieren.

Max Honziger ist Barkeeper, und im Vergleich zu Kellnern hat er ohnehin schon damit zu kämpfen, dass Trinkgelder am Tresen weniger selbstverständlich sind als an den Tischen eines Restaurants. Dafür wollen Gäste an der Bar aber ihrerseits öfter eingeladen werden, ist ja nur ein Drink.

»Ey, ich bin der Freund von Elke, gibste mir einen aus?«

»Welche Elke?«

»Na die, die letztes Jahr mal bei der einen Party von Katja war, wo du auch warst. Gibste mir jetzt einen aus?«

Leute, die ankommen und sagen: »Ey, ich hab kein Geld mehr, gibste mir einen aus?«, bewahren jedenfalls mehr Würde, als solche, die ihren Geiz noch mit einer armseligen Begründung versehen, warum ihnen ein Freigetränk unbedingt zusteht. Die Erbärmlichkeitsskala dabei ist nach unten hin erstaunlich offen. In einer der ganz unteren Schubladen findet man zum Beispiel dieses hier:

»Hallo, krieg ich einen Gin Tonic?«

»Macht fünf Euro.«

»Wie, gibste mir den nicht aus?«

»Warum, kennen wir uns?«

»Na, ich spiel doch bei GZSZ mit!«

Tatsächlich gibt Max Honziger jeden Abend Stammgästen, Freunden oder sympathischen Fremden mal ein Getränk aus. Wenn die dann aber am Ende des Abends abziehen, ohne ihrem Wohltäter ein Trinkgeld dazulassen, dann ist das Ende der Freundschaft, Bekanntschaft oder spontanen Sympathie nahe. Nehmen und Geben gehört ja immer irgendwie zusammen, so blau kann man gar nicht sein.

Auch nach dem Essen im Restaurant zeugt übrigens die Frage »Und, gibt's jetzt noch einen aufs Haus?« weder von Weltgewandtheit, noch steigert sie den eigenen Beliebtheitswert als Gast in dieser Lokalität. Ebenso wenig wie der Versuch, unauffällig selbst mitgebrachte Getränke zu konsumieren.

Freisekt und Freiholz

Manchmal sind die Getränke aber auch inklusive, und niemand muss sie sich erbetteln. In solchen Fällen bleibt allerdings immer noch die Möglichkeit, die Menge dessen, was man ohne Zuzahlung bekommen kann, so weit zu steigern, wie es geht.

Wer sich zum Beispiel im Flugzeug auf einem Inlandsflug zwischen Frankfurt und München gleich zwei Gläser Sekt, ein Wasser und vorsichtshalber noch einen Tomatensaft geben lässt, hat für null Euro sehr viel mehr bekommen als nur ein einziges Getränk, auch wenn man bis zur Landung nur den einen Sekt und das halbe Wasser schafft. Wenn man weit vorn in der Maschine sitzt und deshalb gleich zu Anfang bedient wird, hat man natürlich bessere Chancen, das alles zu schaffen, als wenn man seine Getränke erst fünf Minuten vor dem Landeanflug bekommt.

Allerdings sind solche Großaufträge ansteckend. Bekommen die umsitzenden Fluggäste erst einmal mit, dass da jemand mehr hat als sie, fühlen sie sich schnell übervorteilt und bestellen ebenfalls mehr. Da die kurze Flugzeit ohnehin schon gerade mal so dafür ausreicht, dass die Flugbegleiter es unter Aufbietung hoher Effektivität schaffen, alle Passagiere zu bedienen, wird es nun aber sehr knapp, die hinteren Reihen überhaupt noch mit dem Getränkewagen zu erreichen. Und diese hinteren Reihen sind dann richtig sauer. Aber nicht auf die Schnorrer in den vorderen Reihen.

In Baumärkten ist es die Restekiste mit Holzabfällen aus dem Zuschnitt, von der die ungewöhnliche Verheißung auf ein Konsumerlebnis für null Euro ausgeht. Manche Holzreste gibt es da für sehr billig, und manche sind auch ganz umsonst. Natürlich definieren sich Holzreste eben dadurch, dass mit ihnen nicht mehr viel anzufangen ist. Holzreste sind, wie der Name zu sagen versucht, Reste von Holz. Sie sind klein, ungerade, zersplittert, und man kann aus ihnen vielleicht noch Bauklötzchen sägen oder ein Schlüsselbrett.

Die Mitarbeiter des Baumarktes werden aber immer wieder von Kunden angesprochen, die »noch mehr Reste« oder auch »andere Reste« suchen: »Mehr Reste haben Sie nicht?« Auf die Nachfrage hin, was denn speziell gesucht wird, klärt sich das Rätsel dann schnell auf: »Na, ich suche eine stabile Holzplatte, so 1,80 mal 60 Zentimeter für einen Tisch. Kirschholz wär schön.«

Für Apothekerinnen und Kosmetikverkäuferinnen wäre es ein kleiner Schritt in eine schönere Welt, wenn der Satz »Haben Sie noch ein paar Pröbchen für mich?« ersatzlos gestrichen werden könnte.

Pröbchen sind nämlich sensible kleine Gaben, die unaufgefordert in die Tütchen von Kundinnen wandern, die gerade gut eingekauft haben und zu deren Auswahl die Proben passen könnten. Oder sie gehen nach einer Beratung gezielt an Kundinnen, die genau dieses Produkt ausprobieren wollen.

»Haben Sie noch ein paar Pröbchen für mich?« heißt aber: »Haben Sie noch was umsonst für mich? Ist mir egal was, Hauptsache umsonst.«

Dass diese Interpretation stimmt, kann niemand so gut bestätigen wie eine Messehostess. Ein Gutteil der Messebesucher, egal welcher Messe, vollbringt wahre Beutezüge. Es gilt, bunte Prospekte in dazugehörigen Plastiktüten zu sammeln, wozu auch immer. Aber das ist nur die Pflicht. Die Kür liegt im Ergattern von Werbe-Kugelschreibern, Werbe-Schreibblöcken, Werbe-Feuerzeugen und anderen Klein- und Kleinst-Gimmicks, deren gemeinsamer Vorteil es ist, nichts zu kosten.

Gut gemeint geht nicht gut

Natascha Podinski ist Frisörin mit einem eigenen Laden, und dieser Laden liegt in einer schönen, grünen Gegend, in der viele Familien mit kleinen Kindern wohnen. Eines Tages hat sich Natascha Podinski ein super Angebot für ihre Klientel ausgedacht: Haarschnitte für Kinder bis fünf Jahre für nur drei Euro! Kleine Kinder, hat sie sich überlegt, kommen nicht alleine, sondern mit Mama oder Papa in den Laden, die sich bei dieser Gelegenheit dann hoffentlich auch gleich noch einen Termin zum Schneiden geben lassen.

Es hätte eine herrliche Win-win-Situation werden können, aber die Idee ging so nicht auf. Es kamen Heerscharen von Eltern mit Kindern ins Geschäft, die fast alle nur die lächerlichen drei Euro daließen und wieder gingen, ohne den Termin für Mama zu vereinbaren, und überdies auch, ohne irgendein Trinkgeld dazulassen, wie es sonst üblich wäre. Denn mit Trinkgeld wäre ein Drei-Euro-Schnäppchen ja kein Drei-Euro-Schnäppchen mehr.

Während Natascha Podinski und ihre Mitarbeiter alle mit Drei-Euro-Kinderhaarschnitten beschäftigt waren, kam natürlich manchmal auch ein erwachsener, kinderloser Kunde mit Geld in der Tasche herein, der gern spontan bedient worden wäre. Was nicht ging, weil vor ihm noch drei weitere Eltern mit Kindern warteten.

Aus geschäftlichen Überlebensgründen musste Natascha Podinski ihr Angebot irgendwann modifizieren: Günstige Kinderhaarschnitte gab es ab jetzt nur noch Mittwochs, und zu einem Preis, der mit dem Alter geht. Drei Euro nur noch für Dreijährige, für Vierjährige vier Euro und so weiter. Immer noch Blümchenpreise jedenfalls.

Aber Ach, Zeter und Mordio. Die betroffenen Eltern reagierten mit heiliger Empörung auf die Veränderung. Sie waren enttäuscht und traurig! Einer schimpfte das ursprüngliche Verfahren sogar ein »Lockangebot« das nun in »Abzocke« übergehe.

Die erhoffte Win-win-Situation verebbte zu einer traurigen Lose-lose-Geschichte, denn natürlich bekamen die aufgebrachten Eltern (»Dann kommen wir eben nicht mehr hierher!«) nach wie vor nirgends günstigere Haarschnitte für ihre Kinder als bei Natascha Podinski.

Sie jedenfalls hat so gelernt, was im Handel weithin bekannt ist: Lieber am Anfang überteuert einsteigen und dann mit den Preisen milde runtergehen, als billig anfangen und dann milde erhöhen. Das ist für den Kunden zwar keinesfalls besser, aber es kommt ihm besser vor.

Billich, das will ich

Manchmal trifft den Kunden aber auch gar keine Schuld an Preisnachlässen, weil der Handel das schon von sich aus erledigt. Besonders der Schlussverkauf in der Bekleidungsbranche steht in dem Ruf, Frauen in Mitglieder eines hungrigen Wolfsrudels zu verwandeln, und Sandra Grissemeyer kann das bestätigen. Die Filiale des (eh schon nicht allzu teuren) Bekleidungsgeschäftes, in dem sie arbeitet, wird zum Schlussverkauf von Meuten völlig hysterischer Kundinnen heimgesucht, die mit wildem Tunnelblick in den Laden stürmen, als ginge es dabei ums blanke Überleben.

Diese Grenzerfahrung hat Sandra Grissemeyer sichtlich ratlos gemacht. Sie weiß nicht, was in den Frauen vorgeht, die sich als nicht mehr ansprechbare Zombies blass und gehetzt auf Textilteile stürzen, weil daran ein Kärtchen hängt, auf dem eine Zahl durchgestrichen und eine andere daruntergeschrieben wurde. Die Unzurechnungsfähigkeit dieser Kundinnen macht ihr verständlicherweise Angst. Auf Derartiges hat man Sandra Grissemeyer bei ihrer Einarbeitung nicht vorbereitet, und sie ist doch keine ausgebildete Psychologin.

Interessant ist in diesem Zusammenhang auch immer wieder die Lücke zwischen Anspruch und Wirklichkeit, sprich: zwischen gesuchter Qualität und der Bereitschaft, dafür auch zu bezahlen. Dass sich Preise meist in irgendeinem Verhältnis zum Wert der Ware befinden, erscheint vielen Kunden als geradezu skandalös. Das können besonders all jene Verkäuferinnen sehr gut bezeugen, die in einem dieser vollgestopften Schmuckläden arbeiten, die es in nahezu jedem Shopping-Center gibt. Sie heißen meist irgendwas mit »Bijou« und verkaufen Ketten, Ringe und Ohrringe für einstellige Geldbeträge. Täglich kann man dort erwachsene Kunden beobachten, die mit einem Ring für fünf Euro zur Kasse kommen und die Verkäuferin fragen, ob der echt Gold ist. Auch diese Kunden reagieren enttäuscht und traurig, wenn sie erfahren müssen, dass »Nein, leider nicht.«

Und so ist es überall, sogar der Bestattungsunternehmer kennt das:

»Haben Sie nicht noch andere Urnen, die billiger sind, aber schöner?«

5

»Ihr Kollege
hat aber gesagt!«
Der König lügt

**Was nicht kaputt ist,
kann ja noch kaputt werden**

Sandra Grissemeyer ist wieder bei der Arbeit, und wieder kommt eine Kundin mit einer vermeintlich defekten Bluse zu ihr. Es ist ein kleines Déjà-vu, aber diesmal kommt es zu einer neuen Wendung, denn die Kundin verschwindet mit der Bluse, aus der angeblich irgendwo ein winziger Faden herausguckt, in der Umkleidekabine.

»Na, ich geh sie trotzdem mal anprobieren«, sagt sie, nachdem sie den kaum sichtbaren Faden bei Sandra Grissemeyer moniert hat. Dann kommt sie zurück.

»Also, passt mir sehr gut. Aber gucken Sie doch noch mal, hier dieser Faden!«

Sie zuppelt an der Bluse herum und befördert an genau der Stelle, an der es vorher kaum etwas zu sehen gab, ein kleines Loch mit einem langen Faden daran zutage.

Zu ihrem großen Leidwesen hat Sandra Grissemeyer damit nicht nur eine Kundin vor sich, die absichtlich ein Loch in eine Bluse gerissen hat, um dieser einen 1A Defekt zu verpassen, den sie vorher leider nicht finden konnte, sondern auch eine Kundin, die ganz offenbar nicht damit rechnet, dass Sandra Grissemeyer dieses durchsichtige Manöver durchschaut. Mutwillige Beschädigung trifft auf grobe Unterschätzung der Intelligenz der Verkäuferin. Sandra Grissemeyer muss es der Kundin nun irgendwie sagen: »Entschuldigen Sie, aber dieses Loch samt Faden war vorher nicht da. Sie hatten mir das ja gerade selber schon gezeigt.«

Wenn die Kundin jetzt versteht, dass Sandra Grissemeyer sie überführt hat, wird sie sich bemühen, aus allen Wolken zu fallen. Ungefähr so: »Soll das etwa ... Sie wollen mir jetzt hier nicht etwa unterstellen ... Also, das ist ja wohl das Letzte!« Und dann wird sie die Bluse hastig irgendwo hinpfeffern und noch hastiger den Laden verlassen.

Hat sie es immer noch nicht verstanden, was zu befürchten ist, wird sie noch nicht aufgeben: »Ja, ich weiß auch nicht, das war dann wohl eine andere Stelle. Jedenfalls ist da jetzt ein Faden, bekomme ich einen Rabatt?«

Königlicher Unsinn

Hinreichend bekannt ist ja das Dienstleister-Mantra »Der Kunde ist König«. Intern gibt es im Einzelhandel aber noch ein anderes Motto oder eher eine Erkenntnis, nämlich »Der

Kunde lügt«. Da sich beides nicht unbedingt gegenseitig ausschließen muss, könnte man zusammenfassend auch sagen: »Der König lügt«.

In diesem Satz steckt viel Bedenkenswertes drin. Dass der Kunde sich seine Mätzchen erlauben darf, zum Beispiel, denn er bleibt ja der König, auch wenn er lügt. Wie bei einem leicht debilen Monarchen kennt das Hofpersonal seine Schrullen und durchschaubaren Tricks aber seit Langem und hat sich professionell darauf eingestellt.

Die verbalen Versatzstücke, mit denen die Kundenkönige ihre mehr oder weniger trickreichen Manöver garnieren, sind dabei, branchenübergreifend und international, immer wieder dieselben. Sie bilden die ewigen Running Gags im Leben der Verkaufsangestellten. Hier eine Auswahl der beliebtesten Variationen:

»Ihr Kollege hat mir gestern aber etwas anderes gesagt.«

»Ihr *sehr freundlicher* Kollege hat mir gestern aber etwas anderes gesagt.«

»Keine Ahnung, wie der hieß, der ist wohl heute nicht da.«

»Nee, ich hab gar keinen Kassenbon bekommen!«

»Der Kassenbon ist schon beim Steuerberater.«

»In anderen Geschäften ist das aber immer so.«

»In anderen Geschäften ist man da kulanter.«

»Das war hier sonst aber immer anders.«

»Ich bin hier aber Stammkunde.«

»Ich bin der beste Freund von Ihrem Chef.«

In den meisten Branchen gibt es feste Preise, allgemein gültige Verkaufsverträge und klare Prozeduren für Umtausch und Rücknahme, an die jeder Mitarbeiter gebunden ist. »Ihr Kollege hat aber gesagt« oder »Das war aber anders vereinbart« ist für Verkäufer deshalb ein sicherer Indikator für einen Fall von königlichem Unsinn.

Zur Illustration hier eine kleine Szene, wie sie sich jetzt gerade in irgendeinem Elektrogeschäft in Ihrer Nähe ereignet, und in der ein Kunde ein zerkratztes Handy aus der Tasche holt:

»Ich möchte das Ding hier zurückgeben.«

»Was ist denn damit?«

»Taugt nix.«

»Das ist ja schon ganz schön zerschrammt, wann haben Sie das denn gekauft?«

»Vor drei Wochen.«

»Haben Sie den Kassenbon?«

»Nee.«

»Ohne Kaufbeleg können wir leider nichts zurücknehmen.«

»Hören Sie mal, ich bin hier Stammkunde. Ich lass hier regelmäßig 'ne Menge Geld. Der Bon ist schon beim Steuerberater. In anderen Geschäften ist man da viel kulanter als hier!«

Die hartnäckige Ausprägung dieses Kundentyps wird nun noch verlangen, den Abteilungsleiter oder Geschäftsführer zu sprechen, der ihm dabei helfen soll, sein stark abgenutztes Gerät ohne Kaufbeleg wieder zurückzugeben.

Abteilungsleiter: »Wann haben Sie das denn gekauft?«

»Vor drei Wochen.«

»Dieses Modell haben wir aber vor einem halben Jahr aus dem Sortiment genommen.«

»Das KANN gar nicht sein! Ihr Kollege hat mir das hier in diesem Laden vor drei Wochen verkauft!«

»Welcher Kollege?«

»Äh, so mittelgroß und blond, aber der ist heute nicht hier.«

Die Standardtricks von Gästen an der Bar unterscheiden sich übrigens nicht wesentlich von denen im Elektrogeschäft, wie unser Barkeeper Max Honziger aufzuzählen weiß:

»Bei deinem Kollegen hab ich für den Campari Soda aber nur zwei fünfzig bezahlt!«

»Letzte Woche hat ein Campari Soda hier aber nur zwei fünfzig gekostet!«

»Oh, da fehlt mir jetzt gerade ein Euro, geht das okay so?«

»Oh, da müsste ich noch mal eben Geld holen.«

»Macht ihr das sonst nicht immer in ein größeres Glas?«

In Baumärkten sind, wie wir später noch genauer sehen werden, vor allem Kunden gefürchtet, die sich in Eigenregie Teile für durchaus komplizierte Einbauten im Sanitärbereich zusammenpuzzeln, weil ein Mann das ja schließlich selber kann. Wenn am Ende jedenfalls alles undicht ist und auf lebensgefährliche Art mit der Elektroinstallation disharmoniert, kommt der frustrierte Heimwerker wutschnaubend mit einem ramponierten Spülkasten zurück, um irgendeinem Verkäufer »den ganzen Mist hier« vor die Füße zu schmeißen und sein Geld zurückzufordern. Sämtliche Fehler und Schäden haben ihren Ursprung selbstverständlich beim schlechten Material und der miesen Verarbeitung. Der Spülkasten muss von Anfang an kaputt gewesen sein, an der Handhabung kann es nicht liegen, denn natürlich hat man hinterher immer alles »extra vom Installateur machen lassen«.

Lars Ruprecht würde die Installateure seiner Kunden sehr gerne einmal kennenlernen, er hat ja sonst nicht viel zu lachen.

Im Umtauschrausch

Der gesamte Themenkomplex Rücknahme/Umtausch sorgt natürlich ständig für Unbill. Gerade in Läden mit besonders kulanten Rücknahmebedingungen werden die Mitarbeiter sehr gebeutelt. Zum Beispiel von Kunden, die sich zum Kaufpreis eines Artikels haufenweise andere Sachen ausborgen. Abendkleider sind sehr populäre Kandidaten für diese Prozedur, Sandra Grissemeyer kennt sich da aus. Das Kleid wird gekauft, zum fraglichen Anlass getragen, dann zurückgebracht und gegen alltagstauglichere Klamotten eingetauscht. Oft kann sie noch das Parfüm daran riechen, unter anderem.

Es gibt aber auch Kundinnen, die sich wie unter Zwang immer wieder und immer weiter neue Sachen für ihren dringend benötigten Klamotten-Kick holen, und das alles auf dem Umtausch-Ticket. Diese bedauernswerten Erscheinungen sind für Sandra Grissemeyer höchst deprimierend und unangenehm. Wenn so ein Textil-Junkie zum dritten Mal in der Woche in den Laden gehechelt kommt, gierig nach frischer Ware fragt und dann einen abgegriffenen Umtauschzettel herauskrumpelt, in der Hoffnung, dass es noch einmal funktioniert, macht ihr das doch auch keine Freude. Die Leute brauchen einfach mal dringend einen Entzug, weit weg von allen Geschäften. Am Südpol vielleicht, oder in Nordkorea.

Schlechtes Theater für die kranke Oma

Wirklich schlimm wird es, wenn Kunden auch noch ihre Freizeit damit verbringen, ganze Bücher zu lesen, in denen es ausschließlich darum geht, sich noch mehr und noch nervigere Preisdrücker-Tricks anzueignen. Vor allem, da man im Einzelhandel die einschlägige Literatur natürlich selber kennt.

So einer kommt dann in das Möbelgeschäft, in dem Jörg Meierhöfer arbeitet, und macht sich noch nicht einmal die Mühe, die Wortwahl aus dem Schnäppchen-Ratgeber etwas zu modifizieren. Jörg Meierhöfer weiß zwar schon ganz genau, welche Taktik da gerade wieder an ihm ausprobiert wird, muss sich aber trotzdem alles anhören. Das joviale Geduze, mit dem erst mal vermeintliche Sympathien aufgebaut werden sollen. Das schlecht gespielte »Erschrecken«, wenn der Preis zur Sprache kommt (für Jörg Meierhöfer immer wieder ein schlimmer Fremdschäm-Moment), die Ersetzung des Wortes »Rabatt« durch hübschere Wörter wie »Vergütung«,

»Nachlass« oder gar »Bonbon« (auch wieder überaus peinlich).

Und wenn eh schon alle Anstandsgrenzen gefallen sind, werden manchmal sogar die richtig miesen Tricks nachgeschoben. Geschichten von der verarmten, kranken Oma zum Beispiel, für die das neue Bett nämlich gekauft wird, weil sie sonst auf dem Boden schlafen muss. Oder sogar die erbärmliche »good-guy-bad-guy–Strategie«, bei der von zwei Kunden einer die Rolle des unverschämten Preisdrückers übernimmt, während der andere sich pseudo-vermittelnd einschaltet, nur um im entscheidenden Moment selber noch einen draufzusetzen.

Vor allem muss man sich dabei klarmachen, dass diese Menschen dem Verkäufer all das zumuten, ohne jemals überhaupt eine ordentliche Schauspielausbildung genossen zu haben.

Noch so ein oberschlauer Trick ist es, in ein Fachgeschäft hineinzugehen, sich in Ruhe umzugucken und die in Frage kommenden Kameras, die man im Internet immer nur auf diesen ewig gleichen viel zu kleinen Bildern sehen konnte, endlich mal in die Hand zu nehmen, um auch den Tastsinn mit einzubeziehen in die anstehende Kaufentscheidung. Dazu lässt man sich vom geschulten Fachpersonal ausführlich beraten.

Wenn sich dann endlich eine Kaufentscheidung abzeichnet und der Verkäufer schon die erwählte Kamera originalverpackt aus dem Regal holen will, wartet der raffinierte Sparfuchs mit einem geschickten Winkelzug auf: »Hm, ich glaube, ich überleg mir das erst noch mal in Ruhe.«

Das jedoch war gelogen. Anstatt zu überlegen, geht der Kunde nach Hause und bestellt sich die Kamera nun doch irgendwo im Internet, wo sie nämlich satte fünf Euro weniger kostet. Na gut, am Ende nur noch zwei weniger, wegen der Versandkosten. Während er auf die Lieferung wartet, gratuliert er sich zu seiner Gerissenheit.

Leider ist er gerade nicht da, als der Paketzusteller mit der neuen Kamera vor seiner Tür steht, im Briefkasten findet er nur einen blauen Zettel, auf dem steht, wo er die Sendung abholen kann. Das macht er dann am nächsten Tag, Kurzstrecke im ÖPNV hin und zurück: zwei Euro sechzig.

Kleine Trickser

Lügen und Tricks spielen aber nicht nur eine Rolle, wenn es um Geld geht, sondern zum Beispiel auch, wenn ein allerhöchstens 14-Jähriger an den Kiosk kommt und eine Packung Gauloises und ein Bier verlangt. Der Kioskbesitzer seinerseits verlangt, den Ausweis des Bürschchens zu sehen.

»Was, warum Ausweis? Hä?«

»Jetzt tu nicht so, du bist doch noch keine achtzehn.«

»Hä?«

»Den Ausweis bitte.«

»Hab ich im Auto gelassen.«

»Dann musste ihn halt noch mal holen.«

»Scheiße, behalt doch dein Zeug, geh ich eben woanders hin.«

Beim Verkauf von Zigaretten und Alkohol, aber auch in Videotheken und an der Kinokasse kommen die Mitarbeiter vor Ort fortwährend in die unangenehme Situation, Kunden nach einem Altersnachweis fragen zu müssen. Pubertisten jedoch, die das gesetzlich vorgeschriebene Mindestalter für den Erwerb von Alkoholika oder den Konsum von nicht jugendfreien Filmen noch nicht erreicht haben, geben sich natürlich nicht einfach so geschlagen, nur weil sich ihnen jemand in den Weg stellt.

Dass er eigentlich noch keinen Rum kaufen darf, wusste der minderjährige Kunde von Anfang an. Deshalb ist er auch darauf vorbereitet, bei Bedarf noch einmal tief in die passende Trick-und-Lügen-Kiste zu greifen, aus der er, einer langen Tradition folgend, genau diese Gags hervorholt:

»Ey, Alter, ich bin 25!«

»Hab jetzt gar keinen Ausweis dabei.«/ »Den Ausweis hab ich im Auto gelassen.«

»Ich kauf das hier immer!«

»Jetzt sei doch nicht so ein uncooler Pedant!« /»Dein Kollege ist aber lockerer als du!«

Wer andererseits die Altersanforderungen erfüllt (und manchmal liegen zwischen nicht erfüllen und erfüllen ja nur wenige Stunden), wird betont genervt und siegreich seinen Ausweis hinwerfen und so etwas sagen wie: »Alles klar? Dürfte ich JETZT vielleicht mein Geld hierlassen?« Für den, der die

Frage stellen muss, handelt es sich also um eine Situation, die niemals Gutes verheißt.

Natürlich gibt es das ganze Spiel auch umgekehrt. Nicht nur im Showbusiness lügt man sich jünger, auch im Frisörgeschäft von Natascha Podinski ist es schon vorgekommen, dass Eltern das Alter ihrer Kinder falsch eingeschätzt haben, um noch zum günstigen Kindertarif bedient zu werden. Die Kinder lassen sich das manchmal allerdings nicht gefallen:

»Aber Mama, ich bin doch schon sieben!«

Selbst gemalte Prozente

Apropos vorzeigen. Ein besonders schweres Los tragen alle Verkäufer und Angestellten von Geschäften, die ihren Kunden Coupons zukommen lassen. Rabatt-Coupons, Punkte-Sammel-Coupons, Kaufen-Sie-einen-Rasierapparat-und-bekommen-Sie-einen-GRATIS-Schokoladen-Osterhasen-dazu-Coupons[1]. Coupons bedeuten nichts als Ärger, denn auf den Rabatt jedes Coupons kommen fünf klein gedruckte Einschränkungen: Die Coupons sind nicht ewig, sondern nur kurze Zeit gültig. In Warenhäusern gelten sie keineswegs für alle Artikel, und man kann pro Einkauf oder pro Artikel nur einen Coupon einlösen. Versprochene Dreingaben können außerdem manchmal schon weg sein.

---

1 »Nur so lange der Vorrat reicht.«

Natürlich kommen nach jeder Coupon-Akt
unzählige Kunden mit schon verfallenen C
tröpfelt, und immer wollen die Kunden ih
Artikel einlösen, für die der Coupon leider
Oder die Kunden wollen drei Zehn-Proz
pons gesammelt auf einen Artikel einlösen und fordern damit insgesamt dreißig Prozent Nachlass. Natürlich lassen sich
auch alle drei Coupon-Fehler miteinander kombinieren, indem ein Kunde versucht, drei bereits abgelaufene Coupons
auf einen Artikel außerhalb des gültigen Sortiments einzulösen.

Wenn die Pest der Coupons über sie hereinbricht, können
sich die Mitarbeiter des Geschäftes jedenfalls schon mal darauf einstellen, sich wieder wochenlang die Münder fusselig
zu argumentieren.

Es gibt sogar kreative Kunden, die einfach mal versuchen, einen Coupon von Geschäft A im Geschäft B einzulösen. Zu
Cornelia Reiber in die Kaufhaus-Haushaltswarenabteilung
kam mal eine Dame mittleren Alters mit mehreren Coupons
einer Parfümeriekette. Auf ihren Hinweis, dass die Coupons
gar nicht von diesem Warenhaus ausgestellt worden sind, ent-
gegnete die Kundin: »Ach, das macht nix. Ich löse sie trotzdem hier ein.« Dazu machte sie eine Handbewegung, die ihre
Großzügigkeit unterstreichen sollte.

2 »Zeitungen, Bücher, Artikel aus der Elektro- und Parfümerie-Welt, sowie Bekleidungsartikel aus unseren Markenshops«.

...hre persönliche Coupon-Kuriositäten-Sammlung ...et Cornelia Reiber seither nur noch auf eine Kundin mit ...bst gemalten Coupons. Eines Tages wird sie bestimmt noch kommen.

Unhappy Hour

Ein Rabattsystem der besonderen Art, vorwiegend in der Gastronomie ansässig, ist die Happy Hour. Genau wie jedes andere Rabattsystem, sorgt natürlich auch diese Institution für ständige Grabenkämpfe zwischen Personal und Kunden.

Neunzig Prozent aller Kunden, die ihre Drinks eine Viertelstunde vor oder nach der Happy Hour bestellen, möchten trotzdem noch den verbilligten Happy-Hour-Preis bezahlen. Eine halbe Stunde vor der Happy Hour sind es noch zwanzig Prozent, eine halbe Stunde danach zum Glück nur noch zehn. Das Personal indessen hat Anweisung, die Happy-Hour-Zeiten mehr oder weniger strikt einzuhalten.

»Wenn gute Kunden mal ein paar Minuten zu früh oder zu spät sind, kannste schon mal ein Auge zudrücken«, hat der Chef wahrscheinlich gesagt. Aber wer ein guter Kunde ist, und wo genau dann die Mengenangabe »ein paar« bei den Minuten aufhört, das wächst sich zu einer äußerst schwierigen Ermessensfrage aus.

Reicht man Kunden nämlich den kleinen Fünf-Minuten-Finger, wollen sie beim nächsten Mal schnell die ganze halbstündige Hand. Denn ausgestattet mit der »*Beim letzten Mal hast du aber*«-Waffe, werden die Zeitspannen kontinuierlich ausgedehnt. Andere Kunden bekommen das mit, laden dann ihrerseits die »*Aber die anderen da durften gerade auch noch*«-Waffe, und ehe man sich versieht, ist die Happy Hour nur noch eine klägliche Farce.

Werbeaktionen hingegen sind die Happy Hour des Einzelhandels. Eine Woche lang gibt es den Flachbildschirm zum Aktionspreis von 444,- anstatt des regulären Preises von 499,- Euro[3], und mit Sicherheit wissen die Kunden zwar sofort nach deren Ankündigung von dieser Aktion, aber sie wissen nie, dass sie erst ab dem darauffolgenden Donnerstag gilt. Nach Ablauf der Aktion wissen sie dann allerdings auch wieder nicht, dass sie schon beendet ist. Oder sie wissen es, wollen aber trotzdem den Aktionspreis geltend machen, denn: »Ihr Kollege hatte mir versprochen, dass ich das heute noch bekomme!«

Und zwar der mittelgroße, blonde, der heute schon wieder nicht da ist.

---

3 »Nur so lange der Vorrat reicht.«

6
»Wozu wollen Sie das wissen?«
Grenzenloses Misstrauen

Die wollen einen nur aushorchen!

Wir müssen jetzt noch einmal auf Anamnesebögen zu sprechen kommen, diesmal leider ohne Witz.

Als Ärztin braucht Hertha Murnau bestimmte Angaben ihrer Patienten, um bei deren Behandlung bestimmte Fehler und Risiken auszuschließen. Um Schwangere, Allergiker und Herzkranke nicht zu gefährden zum Beispiel, oder weil es zu vermeiden gilt, dass sich die Wirkung von Medikamenten gegenseitig aufhebt oder verstärkt. Dinge also, die sehr im Interesse jedes Patienten liegen. Hertha Murnau benötigt die Angaben hingegen nicht, um diese nach Praxisschluss kommentiert im Internet zu veröffentlichen oder an das Pentagon weiterzuleiten.

Trotzdem gibt es Patienten, die den Anamnesebogen genau deshalb gar nicht, unvollständig oder absichtlich falsch ausfüllen. Sie sehen es einfach nicht ein, warum sie sich von dieser neugierigen Person von einer Zahnärztin und ihren sinistren Sprechstundenhelfern aushorchen lassen sollten. Darauf muss man erst einmal kommen.

Tatsächlich haben aber nicht nur Ärzte, die immerhin tatsächlich etwas über ihre Patienten wissen müssen, mit dem Typus des misstrauischen Kunden zu kämpfen. Auch ganz unverdächtigen Baumarktangestellten wie Lars Ruprecht, der über seine Kunden eigentlich lieber gar nichts wissen möchte, begegnen diese mit verblüffendem Argwohn. Dabei entwickeln sich dann markante Dialoge wie dieser:

»Guten Tag, kann ich Ihnen helfen?«

»Ja, Farbe.«

»Suchen Sie Wandfarbe oder eher Lack?«

»Ja, weiß nicht, Sie sind doch der Fachmann.«

»Wofür brauchen Sie denn die Farbe?«

»Das geht Sie schon mal gar nichts an!«

Oft wird das Gesuchte auch von vornherein extrem nebulös beschrieben: »Ich suche so ein Metallding, mit dem man so Sachen machen kann, und das ist elektrisch.« Lars Ruprechts Nachfragen zur näheren Einkreisung der Möglichkeiten werden dann mit einem argwöhnischen »Wozu wollen Sie das alles so genau wissen?« abgewehrt. Auf seinen Hinweis, dass er sonst ja nicht helfen könne, das Gesuchte zu finden, bekommt er wiederum zu hören, dass man ihn dann ja wohl gar nicht erst zu fragen bräuchte, wenn er hier offensichtlich eh nicht richtig Bescheid wisse, et cetera, und immer so weiter im Kreis herum.

Manchmal mutmaßt Lars Ruprecht seinerseits, dass hier irgendwer Experimente mit ihm veranstaltet: Wie viel Irrsinn kann ein Mensch ertragen, bevor er selber durchdreht?

Ein spezifisches Buchhandlungsphänomen stellt der unter Kunden verbreitete Brauch dar, bei der Bestellung eines Buches einen Fantasienamen für die spätere Abholung anzugeben. Der Buchhändlerin Sonja Hermann ist es völlig egal, wie ein Kunde heißt oder wie er sich nennt. Der Name ist als Identifizierungsmerkmal bei Bestellungen einfach nur naheliegend. Kunden können sich dabei auch Micky Maus oder King Kong nennen, Hauptsache, sie merken es sich. Leider nämlich vergessen viele Kunden ihr spontan gewähltes Pseudonym sofort wieder, sobald sie das Geschäft verlassen haben. Bei der Abholung kommt es deshalb immer wieder zu Variationen dieser Konversation:

»Ich habe gestern ein Buch bestellt, das sollte heute hier sein.«

»Auf welchen Namen?«

»Äh, ich weiß nicht mehr so genau.«

»Wie heißen Sie denn?«

»Mmmm, anders als ich gestern gesagt habe.«

Wenn der Kunde sich immerhin gemerkt hat, um welches Buch es dabei ging, nimmt die Episode vielleicht doch noch ein gutes Ende.

Die wollen alle nur mein Geld!

Der misstrauische Kunde verdächtigt auf geradezu pathologische Weise alle, die irgendwie mit seinem Geld in Berührung kommen, vorauseilend des Schwindels, Betrugs und der

Spionage. Alle anderen auf dieser Welt sind einzig darauf aus, ihm das Geld aus der Tasche zu ziehen, und darum ist er stets darauf bedacht, es DENEN so schwer wie möglich zu machen. Und das schafft er auch.

Angefeuert wird der zum Argwohn neigende Kunde vom Boulevard-Journalismus, der ständig überall Nepp und Abzocke ausfindig macht und dabei gerne auch pauschal vor ganzen Branchen warnt, vor Bestattungsunternehmen zum Beispiel. Zur Trauer ihrer Kunden kommt für Bestattungsunternehmer deshalb erschwerend häufig noch eine überproportionale Portion Misstrauen hinzu. Ähnlich wie bei den Festpreis-Forderern im Taxi sind es dann aber törichterweise die ganz besonders misstrauischen Kunden, die schlussendlich am meisten Geld loswerden. Alle Angebote und Vorschläge des Bestatters haben sie vorsichtshalber abgelehnt, in der festen Überzeugung, damit seine mafiösen Machenschaften geschickt zu durchkreuzen. Am Ende bleiben bei diesem Prozedere nicht unbedingt die besten Optionen übrig, aber das ist denen egal, die dann trotzdem mit dem guten Gefühl hinausgehen, besonders schlau gewesen zu sein.

Auch in anderen Branchen erledigen sich gut gemeinte Beratungsgespräche oft damit, dass Kunden hinter einer Beratung prinzipiell keinerlei Rat, sondern ausschließlich Mitarbeiterprovisionen für bestimmte Produkte oder was auch immer vermuten.

Selbst Philipp Träger in seinem Comic-Laden hat diese verblüffende Erfahrung gemacht: Fragen Kunden ihn nach einer

Empfehlung, etwa: »Ich suche ein Geschenk für einen Comic-Fan. Es sollte was Neues und künstlerisch Anspruchsvolles sein.«, und er drückt ihnen daraufhin einfach nur wortlos ein Heft in die Hand, dann sind die Kunden begeistert und gehen sofort damit zur Kasse. Sagt er hingegen dazu noch so etwas wie: »Also, da kann ich Ihnen dieses Heft hier sehr empfehlen, das hat im letzten Jahr auch den Harvey-Award gewonnen, ich hab das auch schon oft verschenkt, das kommt immer toll an!«, dann wird in vielen Kunden mittels eines unklaren Mechanismus plötzlich ein Misstrauensschalter umgelegt, sie sagen: »Aha, danke«, und kaufen etwas anderes.

Alle wollen mich bestehlen!

Bei der Eingabe ihrer Geheimzahl an einer Kasse gelingt es vielen, sonst nicht besonders beweglichen Personen, sich mit den Fähigkeiten eines Schlangenmenschen in groteske Haltungen zu verbiegen. Bei diesen artistischen Einlagen geht es ausschließlich darum, dass die wenigen anderen Leute, die sich völlig zufällig in der Nähe befinden und die sowieso gar nicht hingucken, ihnen auch ja nicht auf die Finger sehen können. Mit angehockten Knien, nach vorne gezogenen Schultern und rundem Rücken beugen sich die super Vorsichtigen tief über das Gerät und geben, nach ein paar misstrauischen Blicken in alle Richtungen, mit einer Hand ihren vierstelligen Code ein, während die andere Hand die Tastatur abschirmt – die Welt ist voller Ganoven, und sie lauern überall.

Noch schlimmer wird es, wenn solche Leute mal Handwerker in ihre Wohnung lassen müssen. Wolfgang Gerndorf führt einen kleinen Handwerksbetrieb, und er ist es schon gewohnt, dass Kunden, die ihre Uhr suchen, zuerst einmal bei ihm anrufen. Während seiner langen beruflichen Laufbahn hat er sich zum Spezialisten im Auffinden von Gegenständen entwickelt, die in Wohnungen verlegt wurden, die er niemals betreten hat.

Es beginnt normalerweise damit, dass ein Kunde anruft und in einer Mischung aus Vorwurf und Verlegenheit sagt: »Es ist mir ja sehr unangenehm, aber ich vermisse meine Uhr.« Zu seiner großen Erleichterung braucht der Kunde weiter nicht viel dazu zu sagen. Wolfgang Gerndorf nötigt ihn nicht dazu, die klare Anschuldigung aussprechen zu müssen: »Ihre Männer haben mich bestohlen!« Er kann ja selbst ganz gut eins und eins zusammenzählen.

Wolfgang Gerndorf hat dann ein paar Standardfragen für diese Situation parat: »Wo legen Sie Ihre Uhr denn normalerweise ab, tragen Sie die Uhr täglich, wann haben Sie die Uhr zuletzt getragen?« Bislang stellte sich dabei immer heraus: Der Kunde hat keinen festen Platz für seine Uhr, er sucht sie des Öfteren, trägt sie nicht regelmäßig und hat sie schon seit drei Wochen nicht gesehen, während die Handwerker erst vor drei Tagen bei ihm zu Hause waren. Wolfgang Gerndorf versichert ihm, dass seine Leute noch nie etwas gestohlen haben, rät ihm aber trotzdem, auf jeden Fall die Polizei zu verständigen, wenn er die Uhr in den nächsten Tagen nicht wiederfindet. Der Kunde wird die Uhr finden, Wolfgang Gerndorf wird von der Sache nie wieder etwas hören.

Allerdings hat er dann auch den Kunden verloren. Dem das alles im Nachhinein nämlich so unangenehm ist, dass er den Betrieb Gerndorf in Zukunft meiden wird. Was allein deshalb nicht so schlimm ist, weil dafür neue Kunden kommen werden, die in der Vergangenheit die Angestellten der Konkurrenz des Diebstahls verdächtigt haben.

Menschen und Kunden verlegen aber nicht nur Dinge in ihren eigenen vier Wänden, sie verlieren auch Sachen, wenn sie irgendwo unterwegs sind, und unterwegs sind sie oft in irgendwelchen Geschäften.

Gerade wenn Jörg Meierhöfer alles fertig macht für den ohnehin späten Feierabend vor dem Wochenende, klingelt sein Telefon, und eine aufgebrachte Kundin ist dran, die ihre teuren Lederhandschuhe in seinem Möbelgeschäft verloren haben will. Jörg Meierhöfer muss ihr sagen, dass sich bis zu diesem Moment leider keine Handschuhe bei ihm angefunden haben, aber sie solle sich doch am Montag noch einmal melden, nachdem die Putzkolonne im Laden war. Die Kundin ist alarmiert. Putzkolonne! Die lassen ihre teuren Lederhandschuhe doch sofort mitgehen! Ob Jörg Meierhöfer nicht mal eben suchen könne. Sie habe sich länger dieses eine Sofa angesehen, so ein helles, und dann noch ein anderes weiter hinten im Laden, so rötlich. Vielleicht seien ihr ihre Handschuhe dort irgendwo aus der Tasche gefallen.

Jörg Meierhöfer seufzt. Ausnahmsweise. Er sucht das helle

Sofa auf, das die Kundin höchstwahrscheinlich gemeint hat, aber dort liegen nirgendwo Handschuhe, ebenso wenig wie beim rötlichen Sofa. Der Laden ist leer und geschlossen, der Feierabend längst eingeläutet. Er ruft die Kundin zurück, leider habe er ihre Handschuhe nicht finden können. Ah, sagt die Kundin, ihr sei inzwischen etwas eingefallen: Bestimmt habe sie die Handschuhe auf dem Parkplatz verloren! Sie habe vom Ausgang gesehen so hinten links geparkt, aber nicht ganz links, mehr so linke Mitte. Wenn er doch bitte dort einmal nachsehen ... – Er müsse jetzt wirklich gehen, sagt Jörg Meierhöfer. Es ist dunkel, und es regnet, er könne jetzt nicht den Parkplatz absuchen.

Das sei ja wirklich sehr schade, sagt die Kundin, kein so guter Service, und sie werde nun wohl doch kein Sofa in seinem Geschäft kaufen.

Misstrauen ist in diesem Fall natürlich nur das eine Problem. Maßlos überzogene Erwartungen an das, was man »Service« nennt, ein anderes.

Und dieses andere gehört wohl zu den Herzstücken aller Probleme mit Kunden überhaupt, weshalb es auch ein eigenes Kapitel bekommt, jetzt gleich, hier in diesem Buch.

7

»SIE sind doch hier der Fachmann!«

Überzogene Ansprüche

Bitte suchen Sie mein Kleid und meine Tochter

Zur Einstimmung ein beobachtender Blick auf Sandra Grissemeyers alltägliche Arbeits-Gesamtsituation an einem normalen Geschäftstag.

Der Laden ist personell unterbesetzt, wie immer. Gerade hat jemand den Schmuckständer umgeworfen, und ein paar vorbeieilende Kundinnen haben die ersten am Boden liegenden Ohrringe schon mal platt getreten. Eine Kundin mit diversen über den Arm gehäuften Bekleidungsartikeln bittet Sandra Grissemeyer um Beratung, während sich an der aktuell nicht besetzten Kasse eine kleine Schlange bildet. Sandra Grissemeyer vertröstet die Kundin (»Bin sofort bei Ihnen«) und eilt zur Kasse, wo gleich die erste Kundin eine Reklamation aus der Tüte holt. Aus dem Augenwinkel sieht Sandra Grissemeyer, wie die Kundin mit dem Beratungswunsch verärgert den Laden verlässt, wobei sie die angehäuften Klamotten wahllos irgendwo liegen lässt. Eine Kollegin ist inzwischen damit beschäftigt, den bereits überall herumliegenden

Schmuck aufzusammeln, während sich zwei weitere Kundinnen schon fuchtelnd und händeringend aufs Verzweifelt-Umhersehen verlegt haben. Natürlich klingelt jetzt auch das Telefon. Die Geschäftsleitung will irgendwas.

Dies alles nur, um zwischenzeitlich den Hintergrund zu skizzieren, vor dem sich viele der nachfolgenden, aber auch der vorangegangenen Szenen abspielen.

Zum Beispiel die, in der die Kundin zu Sandra Grissemeyer kommt, weil das safaribraune Kleid, das ihr so gut gefällt, nicht mehr in Größe 38 an der Stange hängt. Sie bittet die Verkäuferin darum, auf jeden Fall und sicherheitshalber doch noch einmal im Lager nachzusehen. Sandra Grissemeyer weiß genau, dass dieses Modell nicht mehr auf Lager ist, aber die Kundin, deren zukünftiges Glück und Wohlergehen ganz eindeutig von diesem Kleid abhängen, besteht darauf.

An dieser Stelle muss man anmerken, dass diese ominösen Lagerräume ohnehin maßlos überschätzt werden. Kunden stellen sich vor, hinter jedem Geschäft befände sich ein turnhallengroßes Lager, in dem, säuberlich aufgereiht auf Regalen und Kleiderstangen, ein Vielfaches des im Laden ausgestellten Sortiments noch einmal aufbewahrt wird. Die Verkäufer müssen nur hineingehen, direkt in die Ecke mit all den safaribraunen Kleidern und dann eines in Größe 38 heraussuchen.

In Wirklichkeit beherbergen die eher kleinen Lagerräume im Normalfall keine Überraschungen. Ein Kleid, das nicht mehr in Größe 38 an der Stange hängt, liegt kaum jemals in dieser Größe noch irgendwo anders herum. Der Gang einer

Verkäuferin ins Lager dient in den meisten Fällen dem komplett inhaltsleeren Zweck, ins Lager zu gehen, damit die Kundin sieht, dass man ins Lager geht. Dort kann die Verkäuferin dann einen Moment lang die Tage bis zum Urlaub zählen oder, wenn der Urlaub noch zu lange hin ist, einfach bis 20, dann kommt sie wieder heraus und kann sagen: »Nein, im Lager haben wir das Kleid auch nicht mehr.«

Sandra Grissemeyer bietet der Kundin nun an, in einer anderen Filiale des Geschäfts anzurufen, um zu fragen, ob es das Kleid dort vielleicht noch in der passenden Größe gibt. Die Kundin trippelt erwartungsvoll von einem Bein aufs andere, aber leider hat man das Kleid auch dort nur noch in den Größen 36 und 44, wie die Kollegin am Telefon nach einer Wartezeit von sieben Minuten herausgefunden hat. Behalten wir dabei den Hintergrund im Auge, wo sich bereits zehn weitere Probleme aufgetürmt haben. Durcheinandergewürfelte T-Shirts, andere Kundinnen mit Wünschen und Fragen und Reklamationen.

Die Kundin jedenfalls, deren Hoffnungen auf das safaribraune Kleid nun aufs Neue angefacht worden sind, bittet Sandra Grissemeyer, doch noch in den anderen Filialen anzurufen, schließlich gäbe es doch noch mindestens fünf weitere in der Stadt. Damit wäre Sandra Grissemeyer die nächste halbe Stunde beschäftigt. Sieben weitere Kundinnen würden unterdessen im Hintergrund zornig den Laden verlassen, und das Chaos würde insgesamt besorgniserregend zunehmen.

Wahrscheinlich muss sie der Kundin also beibringen, dass

sie sich leider selber darum kümmern müsse, ob das Kleid in einer anderen Filiale zu bekommen sei. Das wird die Kundin nicht amüsieren, aber Sandra Grissemeyer muss sich halt entscheiden: Pest oder Cholera.

Für Max Honziger kommen die Anrufe immer, wenn die Nacht ihren Höhepunkt erreicht hat, wenn die Stimmung ausgelassen und der Laden voll ist, also dann, wenn er hinter der Bar die meiste Arbeit hat:

»Huber mein Name. Ich habe meiner Tochter gesagt, sie soll SPÄTESTENS um eins zu Hause sein, und es ist jetzt halb zwei! Sie heißt Lisa und hat braune Haare. Sagen Sie ihr bitte, sie soll nach Hause kommen, und zwar ein bisschen dalli!«

Manchmal sagt Max Honziger in so einem Fall: »Moment, bleiben Sie dran«, und fragt irgendeines der aktuell am Tresen anstehenden braunhaarigen Mädchen, ob sie Lisa heißt. Heißt sie tatsächlich Lisa, gibt er sie direkt an den Anrufer weiter, wo die beiden dann unter sich ausmachen können, ob es sich um Lisa Huber handelt, die um eins hätte zu Hause sein müssen, oder um eines anderen Vaters Tochter. Heißt das angesprochene Mädchen gar nicht Lisa, sondern Sarah, muss Max Honziger dem Anrufer durch den Geräuschpegel hindurch entgegenschreien, dass hier vor ihm aktuell nur eine braunhaarige Sarah steht, er müsse wohl selber vorbeikommen, um die gewünschte Lisa im Publikum zu suchen und nach Hause zu befördern.

Nachdem das geklärt, und die Zahl der Durstigen am Tresen noch größer geworden, also viel Arbeit nachzuholen ist, schreit natürlich einer: »Ey, kannste mir mal 'n Taxi rufen? Mein Handy iss grad alle.«

Wie issn der?

Zwar ist Benjamin Schiffer, unser freundlicher Videothekar, durchaus ein Cineast mit überdurchschnittlichen Filmkenntnissen, aber selbstverständlich hat er dabei persönliche Vorlieben und Abneigungen wie jeder andere Mensch, und allwissend ist er natürlich auch nicht. In der Videothek, in der er arbeitet, gibt es an die 4000 Filme auszuleihen, darunter Zeichentrick- und Kinderfilme, romantische Komödien, Heimatfilme, Horror-Splatter-Schocker und Pornos für alle möglichen Neigungsgruppen. Manchmal, wenn ein Kunde zu ihm kommt, einen Film in der Hand, und fragt: »Wie issn der?«, kann Benjamin Schiffer also nur antworten:

»Ich hab den selber nicht gesehen, aber andere Kunden fanden den ganz gut.«

»Wie, den ham Sie nich gesehn? Sie arbeiten doch hier!«

Knapp ein Jahr würde Benjamin Schiffer brauchen, um alle Filme aus dem Angebot der Videothek ein Mal gesehen zu haben, nonstop allerdings, ohne zwischendrin zu schlafen und zu essen. Zwei Jahre würde es mit schlafen und essen dauern, aber nach den zwei Jahren wären viele neue Filme dazugekommen, und er müsste ein weiteres halbes Jahr investieren. Er könnte in dieser Zeit natürlich nicht arbeiten und würde demnach auch kein Geld verdienen.

Aber selbst, wenn er dieses erstaunliche Projekt durchziehen und dann alle Filme tatsächlich kennen würde, hätte er immer noch mit dem nachfolgenden Szenario zu kämpfen, das ihm nämlich auch vertraut ist:

Kunde: »Wie issn der hier?«

Benjamin Schiffer: »Ich fand den sehr gut.«

Kunde: »Könnse empfehlen?«

Benjamin Schiffer: »Kann ich Ihnen empfehlen.«

Am nächsten Tag kommt der Kunde angesäuert zurück und beschwert sich über die »Scheißempfehlung«, die er »total langweilig« fand.

Benjamin Schiffer müsste also zusätzlich noch eine Ausbildung zum Mentalisten machen, der persönliche Vorlieben und Abneigungen eines jeden Kunden magisch erspüren kann. Aber dafür hat er nun wirklich keine Zeit.

Tatsächlich würde eine Mentalisten-Ausbildung auch allen Verkäufern in Elektrogeschäften sehr dienlich sein. Zum Beispiel, um Kunden angemessen bei der Frage zu helfen, ob dieses Kabel hier in ihren Rechner passe. Oder ob die Lautsprecher da sich gut mit ihrer Anlage verbinden lassen oder ob dieser Adapter der richtige sei für ihren Monitor. Denn auf die Nachfrage, um was für ein Gerät mit welchen Anschlüssen es sich denn handele, lauten die zwei häufigsten, aber nicht die zwei besten Antworten: »Keine Ahnung« und »So ganz normale Standardanschlüsse halt.«

Diese beiden Antworten bedeuten in etwa dasselbe, wobei die Variante »So ganz normale Standardanschlüsse« schlimmer ist. Wer behauptet, ganz normale Standardanschlüsse zu besitzen, hat nämlich nicht nur keine Ahnung, welche Anschlüsse er hat, sondern lebt zusätzlich noch mit der Illusion, dass es so etwas wie ganz normale Standardanschlüsse in dieser Welt gäbe. Vorgebliche Besitzer ganz normaler Standardanschlüsse haben also doppelt keine Ahnung, maßen sich aber an, dem Verkäufer, der es besser weiß, auch noch zu erzählen, es gäbe dergleichen.

Verweilen wir noch ein bisschen beim Erwarten von hellseherischen Fähigkeiten. Diesmal im Buchhandel, wo ein Kunde dieses Buch sucht, von der einen Schriftstellerin, Luise oder Katja, irgendwas mit B oder K? Wie das Buch heißt, weiß er jetzt gerade auch nicht mehr, aber er erinnert sich, dass der Umschlag so grünlich war.

Mit diesem interessanten Gesuch steht er vor der Buchhändlerin Sonja Hermann, die wirklich gerne helfen würde, denn schließlich lebt sie davon, Bücher zu verkaufen. Gerade Buchhändler sind oft sehr passioniert bei ihrer Arbeit. Umso schlimmer ist es für Sonja Hermann, wenn es so gar keinen Hinweis gibt, der die Anfrage »Ich suche ein Buch« ein wenig präzisieren könnte.

Wenn man Sonja Hermann dabei nicht einfach nur zur Verzweiflung, sondern auch mal ein bisschen zum Lachen bringen möchte, kann man sich beim Nachfragen zumindest etwas Mühe mit interessanten Titelverdrehungen geben. Auf die Anfrage »Haben Sie ›Mit den Ansichten eines Clowns kamen die Tränen‹ von Bogner?« zum Beispiel kann sie auf jeden Fall schon mal zwei mögliche Optionen präsentieren oder aber den Weg in die nächste Parfümerie weisen. Außerdem gibt ihr das eine gute Anekdote für die nächste Party an die Hand.

Bitte regeln Sie mein Leben

Von Leuten, die in irgendeiner Weise im Verkauf arbeiten, wird ständig erwartet, alle innerhalb und außerhalb des Sortiments existierenden Produkte zu kennen, und zwar mit allen wahrscheinlichen und unwahrscheinlichen Eigenschaften und allen schrulligen Einzelheiten. Fragen wie »Führen Sie englische Edelstahl-Säulengrille, und was genau wiegen die?« oder »Und wenn ich diese Seidenbluse trotzdem bei 60 Grad in der Maschine wasche, was passiert dann?« können vorkommen.

Anke Kowitsch ist Apothekerin mit abgeschlossenem Pharmaziestudium, was für manche Leute ausreichend ist, um ihr gewissermaßen alles zuzutrauen. Zu Risiken und Nebenwirkungen fragen Sie Ihren Arzt oder Apotheker, das wird in der Werbung schließlich immer gesagt, und manche Kunden setzen diese Anweisung radikal um, und zwar auch mal weitgehend losgelöst von jeglichem Zusammenhang zu einem pharmazeutischen Produkt. Oft handelt es sich dabei um Menschen, die sehr viel über sich und ihr Leben nachdenken. Produkte der Alternativmedizin, bei denen weniger spezifische Krankheitssymptome, sondern eher unspezifische Charaktereigenschaften eine Rolle spielen, ziehen diese Klientel ganz besonders an.

Manch einer kommt mit einem ausgeklügelten, selbst diagnostizierten Psychogramm zu Anke Kowitsch (»Ich bin gerade unzufrieden mit meiner beruflichen Situation, was aber auch daran liegt, dass ich anderen Menschen nicht richtig die Meinung sagen kann, und auffällig ist auch, dass ich abends immer Appetit auf Süßes habe, weshalb ich in letzter Zeit zugenommen habe.«) und möchte dann eine Bachblütenmischung empfohlen bekommen, die diese Probleme abschließend regelt.

Für solche Menschen ist es oft sehr frustrierend, zu erfahren, dass Anke Kowitsch keine Bachblütenmischung kennt, die schnell und unkompliziert dafür sorgt, dass man abnimmt, berufliche Erfüllung findet und anderen gegenüber selbstbewusster auftritt. Diese Apothekerin, das diagnostizieren die Kunden dann mehr oder weniger explizit für Anke Kowitsch, diese Apothekerin hat ihren Beruf wirklich radikal verfehlt.

Lars Ruprechts größter Albtraumkunde hingegen ist einer, der seine Fähigkeiten als Heimwerker maßlos überschätzt. Dieser Kunde kommt mit einem extrem ambitionierten Projekt in den Baumarkt, aber schon in seinen ersten Fragen spiegelt sich eine handwerkliche Ahnungslosigkeit wider, die in keinem guten Verhältnis zu den Anforderungen seiner Pläne steht.

Begeistert setzt er Lars Ruprecht seine Ideen für den Einbau eines neuen Bades im Dachgeschoss auseinander, doch nach und nach stellt sich heraus, dass nicht er selbst, sondern der Experte im Baumarkt dafür zuständig sein soll, auszurechnen und durchzuplanen, ob und wie das alles umzusetzen ist. Dessen Rat, sich für so ein Unternehmen besser Fachkräfte ins Haus zu holen, wird wie immer abgewehrt. Mit gemischten Gefühlen und diversen Werkzeugen und Baumaterialen entlässt Lars Ruprecht den Mann zurück in die Welt, wohl wissend, dass er sehr bald wiederkommen wird.

Bei seinem nächsten Besuch wirkt der Kunde schon etwas fahrig. Die Dinge gehen ihm nicht so von der Hand, wie er es sich vorgestellt hat. Zur besseren Illustration der Lage hat er diesmal Fotos von der Baustelle mitgebracht. Lars Ruprecht erkennt darauf ein Chaos aus unpassenden sanitären Voraussetzungen, falschen Materialien und risikofreudigen Elektroinstallationen, die ihm diverse Gruselschauer über den Rücken jagen. Er kann nur versuchen, den Mann von den allergröbsten Fehlern abzubringen, mehr ist nicht zu leisten. Er rät ihm wiederholt und unbedingt dazu, mal einen Installateur kommen zu lassen, aber das widerspricht dem Heimwerkerideal des Kunden, und kosten würde es ja auch.

Je mehr ihm sein Projekt entgleitet, umso öfter kommt der Kunde zu Lars Ruprecht in den Baumarkt gehetzt. Je nach Typ wird er ihn dabei immer verzweifelter mit den Details seines Versagens behelligen oder aber als Schuldigen daran identifizieren, dass unter seinem Dach alles den Bach runtergeht, Ehe und Kontostand inklusive.

Es ist wohl wahr: Wer lange genug im Baumarkt gearbeitet hat, kennt sich wirklich aus mit den Abgründen der Gesellschaft.

Extra Tische nur für mich

Immerhin arbeitet Lars Ruprecht nicht im Zuschnittservice seines Baumarktes. So bleiben ihm wenigstens die Kunden erspart, die sich dort anspruchsvolle Schreiner-Leistungen abholen wollen, die definitiv nicht mehr als »Zuschnitt« bezeichnet werden können. Leute zum Beispiel, die sich zwei rohe Holzplatten greifen und dann im Zuschnitt nach der Fertigung einer »schönen runden Tischplatte zum Ausziehen« verlangen, und zwar mal eben jetzt.

Hier, gegen Ende dieses Kapitels, lernen wir auch endlich Corinna Weber, die Kellnerin, kennen. Das Restaurant, in dem sie arbeitet, gehört zur gehobenen Mittelklasse, das Publikum ist jung und urban. Ab 19 Uhr ist geöffnet, um 20 Uhr ist es fast immer rappelvoll, weshalb sich die meisten Gäste einen Tisch reservieren lassen.

Um 19:50 Uhr kommt dieser Gast zur Tür herein, ein junger Mann jenes Typs, den man als geschniegelt bezeichnen darf. Er sieht sich um. Zu den Gästen an den anderen Tischen gehört er offenbar nicht, denn er sucht nach einem freien Tisch. Alle Tische, die jetzt noch nicht besetzt sind, sind aber reserviert. Als Corinna Weber auf ihn zugeht, hat er deshalb bereits eine Augenbraue hochgezogen und drückt nach Kräften Düpiertheit aus.

»Guten Abend«, sagt sie.

»Ein Tisch für zwei Personen?«

»Haben Sie reserviert?«

»Nein, ich bin hier aber gleich verabredet.«

»Tut mir leid, es ist bereits alles vorbestellt.«

Der Gast vermag seinen Düpiertheitsausdruck noch weiter zu steigern, indem er eine Prise bedrohlichen Ärger mit hineinmischt: »Ja, das geht nicht, ich bin hier um acht verabredet!«

»Da ist jetzt nichts zu machen, gleich ist hier alles voll.«

»Das ist total ärgerlich, meine Freundin hat nämlich Geburtstag!«

»Dann hätten Sie vorher unbedingt reservieren müssen.«

»Na, ganz toll. Super.«

Die Freundin kommt, sie ist frisch frisiert und überreichlich parfümiert. Sie sieht ihren Schatz und strahlt ihn an, aber er strahlt nicht zurück.

»Hallo, Liebling, man will uns hier nicht. Alles Gute zum Geburtstag.« Mit einem vorwurfsvollen Blick dreht er sich noch einmal zur Kellnerin um, dann ziehen die beiden entrüstet ab.

Und schon wieder hat Corinna Weber ein junges Glück versaut.

8

»Oder, nee,
doch lieber anders«
Unentschlossenheit

Rot oder Weiß?

Verweilen wir doch noch ein bisschen in dem schönen Restaurant, in dem Corinna Weber die Gäste versiert und geschmeidig bedient. Denn jetzt geht es um Kunden, die sich besonders schwertun mit Entscheidungen, und dies ist ein Thema, zu dem wir von Corinna Weber viel lernen können.

Chronisch unentschlossene Kunden kommen ja sogar morgens beim Bäcker vor. Er erkennt ihre Schwierigkeiten bereits an der etwas schiefen Körperhaltung mit den zusammengezogenen Augenbrauen und eingesogenen Lippen, der Blick angestrengt zwischen Kürbiskern- und Sesambrötchen hin- und herpendelnd. Man kann sich vorstellen, welche Qualen diesen Menschen erst der Inhalt einer Speisekarte mit Vorspeisen, Hauptspeisen, Desserts und Getränken bereitet.

Das Prozedere in einem Restaurant ist bekannt: Die Bedienung kommt an den Tisch und bringt die Speisekarte. Dann geht sie für eine Weile weg. Währenddessen können sich die Gäste aus der Karte etwas aussuchen. Schließlich kommt die

Bedienung wieder zurück, um die Bestellung aufzunehmen. Oft läuft das ganz gut, aber manchmal auch nicht.

Schwierigkeiten kündigen sich meistens schon durch ein überdurchschnittlich langes und intensives Studium der Speisekarte an. Wenn Corinna Weber schließlich an den Tisch kommt, dann fragen die Gäste erst einmal: »Haben Sie auch Suppe?«, obwohl ganz eindeutig keine Suppe auf der Karte steht. Nein, sagt Corinna Weber, es gibt keine Suppe. Bekümmerte Blicke.

»Dann brauchen wir noch mal einen Moment.«

Corinna Weber geht wieder, bemerkt dabei aber, dass nun auch die Weinkarte studiert wird. Nach einer angemessenen Zeitspanne geht sie zurück zum Tisch der Gäste und fragt:

»Vielleicht schon mal Getränke?« Der Mann überlegt noch einmal kurz und sagt dann:

»Einen Wein, bitte.« Immerhin hat er, nachdem er die Weinkarte zweimal rauf und runter gelesen hat, so viel schon mitbekommen: dass es hier Wein gibt. Es ist nun Corinna Webers Aufgabe, die Auswahl einzukreisen:

»Weiß oder rot?«

»Ähm ... einen Roten.«

»Wir hätten da gerade einen schönen Barolo ... « Der Mann wiegt zweifelnd den Kopf hin und her. »Oder lieber den Chianti, der ist ... « Er schüttelt den Kopf. »Dann vielleicht einen kräftigen Rioja?«

»Hmm, nein.« Er greift noch einmal zur Karte.

Corinna Weber wendet sich an die Frau: »Für Sie vielleicht schon etwas?«

97

»Einen Caipirinha.«

»Wir haben leider gar keine Cocktails auf der Karte.«

»Das ist so Rum mit Limetten.«

»Ich weiß, aber wir haben das nicht.«

»Hm.«

»Wollen Sie noch mal gucken?«

»Ja, bitte.«

Jedenfalls, während die beiden noch immer keine Getränke bestellt haben, haben andere Gäste, die später gekommen sind, bereits gegessen und gezahlt. Draußen auf der Straße ist dreimal der Bus vorbeigefahren, Blumen sind aufgeblüht und wieder verwelkt, und möglicherweise hat es eine Währungsreform gegeben.

Mango-Cola

Der Bestellvorgang würde jetzt noch über Seiten so weitergehen, aber während die Kellnerin das aushalten muss, wollen wir das abkürzen und an dieser Stelle das Restaurant und Corinna Weber vorerst verlassen.

Allerdings haben wir die Möglichkeit, zusammen mit Max Honziger an der Bar noch einmal eine ganz ähnliche Situation durchzumachen, wenn nämlich jemand »einen Saft« bestellt, obwohl er auch schon länger gewartet hat und dabei theoretisch jede Möglichkeit gehabt hätte, sich schon einmal näher mit der Saftauswahl auseinanderzusetzen.

Hat er aber nicht getan, also fragt Max Honziger erst einmal zurück: »Was denn für einen?«

Man darf an dieser Stelle nicht vergessen, dass die Bestelldialoge an Max Honzigers Bar stets einen erheblichen Geräuschpegel durchbrechen und deshalb gebrüllt werden müssen.

»Was habt ihr denn für Säfte?«, brüllt der Gast nun zurück.

Max Honziger weist mit der Hand auf die hinter ihm aufgereihten Flaschen: » Apfel, Orange, Traube, Ananas, Maracuja, Kirsch und Banane.«

»Ah, Mango hätte ich gerne!«

»Mango ist nicht dabei.«

»Bitte?«

»MANGO HABEN WIR NICHT.«

»Nein?«

»Nein. Wir haben Apfel, Orange, Traube, Ananas, Maracuja, Kirsch und Banane.«

Nervös starrt der Gast die Flaschen hinter Max Honzinger an. Der beschließt, sich erst einmal dem nächsten Gast zuzuwenden: »Dann überleg es dir, ich mach erst mal weiter.«

»Moment, Moment! Ähmm … Ich nehme eine Cola. Habt ihr Cola Zero koffeinfrei?«

Cameron Crowe

Es soll nun aber auch nicht der Eindruck entstehen, solche Darbietungen gebe es etwa nur in der Gastronomie. Auch bei

Benjamin Schiffer in der Videothek können wir noch einen verworrenen Dialog abstauben:

Kunde: »Könnse mir was empfehlen?«

»Welche Richtung denn so?«

»Na, was Lustjes.«

»Also hier haben wir diesen Film mit Ben Stiller reinbekommen … «

»Oh nee, nicht Ben Stiller.«

»Hm. Kennen Sie schon den neuen von den Coen Brüdern?«

»Nee, und will ich auch gar nicht.«

»Okay, dann vielleicht … «

»Gibt's was mit Cameron Diaz?«

»Verrückt nach Mary?«

»Ja!«

»Ist aber auch mit Ben Stiller.«

»Ach so, nee, denn doch nicht.«

»Drei Engel für Charlie vielleicht?«

»Hm, oooch, oder haben Sie diesen Film mit Russel Crowe? Diesen Historienfilm?«

»Gladiator?«

»Genau!«

»Das ist aber gar keine Komödie und auch nicht mit Cameron Diaz.«

»Den will ich.«

Gelegenheit macht unentschieden

Ein besonders erstaunliches Phänomen sind Kunden, die erst an der Kasse entscheiden, welche der von ihnen zuvor eingesammelten Waren sie auch tatsächlich kaufen wollen und welche nicht.

Speziell in Kaufhäusern und Bekleidungsgeschäften, also da, wo an einem Verkaufstresen ohne Kassierband kassiert wird, tritt dieses Verhalten gerne auf.

Sandra Grissemeyer und Cornelia Reiber kennen es demnach ganz gut: Die Kundin kommt mit diversen Artikeln an die Kasse, und gerade als Cornelia Reiber anfangen will, die Sachen einzuscannen, ruft sie: »Halt, halt, Moment! Das will ich doch gar nicht!«

Dann beginnt sie, zu sortieren. Diese Küchentücher ja, die Mikrofaserlappen nicht, den Sparschäler auch nicht, oder, ach doch, den Sparschäler braucht sie, aber das Haarband aus der anderen Abteilung nicht. Der Rest geht okay, bis auf das Milchkännchen, das will sie auch nicht.

Die nicht mehr gewollten Dinge kann Cornelia Reiber irgendwann an ihre weit verteilten Plätze zurückbringen, wenn gerade keine Kundin an der Kasse steht.

Faszinierend an dieser Verhaltensweise ist unter anderem die Überraschung, mit der die Kundin »Halt!« ruft, wenn die Kassiererin einen nun doch nicht gewollten Artikel einscannen will. Als sei es das Selbstverständlichste auf der Welt, dass an der Kasse erst einmal ein Sortierprozess einsetzen muss. Das lässt ziemlich klare Rückschlüsse darauf zu, dass es sich hier um einen Typ Mensch handelt, der die Welt um sich herum nicht so gut beobachtet.

Solche Spätsortierer kommen deutlich seltener vor, wenn die Waren nicht auf einen Verkaufstresen, sondern auf ein Kassierband gelegt werden müssen, wie im Supermarkt. Vielleicht, weil das Passieren solcher Kassen gleichzeitig das Verlassen des Geschäftes markiert. Man zahlt und ist draußen. Die Verkaufstresen der Warenhäuser und Textilgeschäfte liegen aber mitten im Laden und verlangen der Kundin damit keine letztgültige Entscheidung ab. Diese fabelhafte Gelegenheit zur Unentschlossenheit wird deshalb sofort wahrgenommen.

Konsumkritisch lässt sich natürlich einwenden, dass die größte Gelegenheit zur Unentschlossenheit aus der Warenvielfalt an sich erwächst. Schließlich kann niemand wirklich wissen, ob das Orange-Limetten-Shampoo mit Ginseng-Extrakten mehr Erfüllung und Zufriedenheit bringen wird als das Agar-Agar-Milch-Shampoo mit Seidenpeptiden, das direkt daneben steht. Schließlich senden beide Produkte gleichermaßen ihre Glücksversprechen in die Welt hinaus. Und auch der Artenreichtum einer Weinkarte kann einen Menschen schon mal erstarren lassen.

Wir kommen halt eben erst aus der Höhle gekrochen, in der es nur das eine Mammut zum Essen und zum Anziehen gab. An fünf Dutzend verschiedene Shampoosorten müssen wir uns wohl erst noch ein paar tausend Jahre lang gewöhnen.

Um ihre Entscheidungsfindung aber dennoch irgendwie zu navigieren, entwickeln viele Menschen das Bedürfnis, alles noch genauer wissen zu müssen. Man glaubt gar nicht, welche Details an vergleichsweise simplen Geräten wie Wasserkochern oder Milchaufschäumern für diese Leute von größtem Interesse sein können. Bevor sie sich für einen Milchaufschäumer entscheiden, verbringen sie Tage und Wochen damit, sich über sämtliche technische Daten aller auf dem Markt erhältlichen Milchaufschäumer zu informieren, samt Testergebnissen und Kundenerfahrungsberichten.

Dazu gehört auch die Vor-Ort-Recherche im Warenhaus, wo man sich das dort vorhandene Milchaufschäumer-Sortiment zeigen und erklären lässt. Cornelia Reiber soll zu Umdrehungszahlen, Gewicht und Lebensdauer aller Milchschäumer Stellung beziehen, was schwierig sein kann (siehe Kapitel 7 *Überzogene Ansprüche*). Auf das langwierige Abwägen der Kunden (»Welchen sollen wir denn jetzt bloß nehmen? Lieber den hier, der gut aussieht und besser in der Hand liegt, aber mehr kostet, oder den hier, der billiger ist und im Prinzip genauso gut schäumt?«) wendet sie irgendwann vorsichtig ein, dass die Qualitätsunterschiede zwischen den angebotenen Milchschäumern erstens tatsächlich gering sind, und dass so ein Milchaufschäumer zweitens, mit Verlaub, keine allzu riesige Investition bedeutet, um die man sich große Sorgen machen müsste.

»Jaja, is klar!«, sagen die Kunden dann, aber helfen tut es ihnen trotzdem nicht. Sie wollen die schwierige Entscheidung lieber noch mal überschlafen oder ihr Horoskop befragen.

Nur welches, das konventionelle oder doch besser das chinesische?

9

»Nur mal kurz«

Drängeln einerseits
und Trödeln andererseits

Meine Haare dauern fünf Minuten

Es ist kurz vor Feierabend, und Natascha Podinski tun zu
Recht die Füße weh. Einen ganzen Tag lang hat sie Leuten
die Haare gekämmt, geschnitten, gefärbt, gewellt, gefönt
und anschließend den Boden gefegt. Sie hat sich ein Dutzend Geschichten vom letzten Urlaub auf Dom Rep und
dem bevorstehenden Besuch der Schwiegereltern ange-
hört, zwei Dutzend Mal über das Wetter geredet und zwischendrin versucht, zappelnden Kindern eine Frisur zu verpassen.

Endlich ist es kurz vor sieben, der letzte Kunde geht gerade
zur Tür hinaus. Gleich wird sie den Laden abschließen, dann
muss sie noch aufräumen und die Kasse machen. Aber gerade als sie mit dem Schlüssel in der Hand zur Tür geht, kommt
jemand um die Ecke gebogen und verlangt, noch bedient zu
werden.

»Tut mir leid, wir machen gleich zu«, sagt Natascha Podinski. »Kommen Sie doch bitte morgen wieder.«

Der Mann lässt sich nicht abwimmeln. »Geht auch ganz schnell!«, sagt er.

»Wir machen jetzt wirklich zu, aber Sie können ja noch kurz reinkommen, und wir vereinbaren einen Termin.« Natascha Podinski fühlt sich plötzlich unendlich müde.

Der Kunde legt nach: »Es ist doch erst fünf vor. Haare schneiden dauert bei mir nie länger als fünf Minuten!«

Nein, denkt Natascha Podinski, nicht an dir liegt es, wie lange ein Schnitt dauert, es liegt an mir. Ich bin von uns beiden die Frisörin.

»Bei mir dauert das aber etwas länger«, sagt sie.

»Wenn die bei ›Fast Cut‹ das können, können Sie das doch auch!« Will der Typ jetzt ihren Ehrgeiz anstacheln?

»Es tut mir leid. Dann müssen Sie wohl zu ›Fast Cut‹ gehen, die haben auch noch geöffnet«, sagt Natascha Podinski und zieht die Tür zu.

»Nein!«, ruft der Mann noch. »Die schneiden da immer so schlecht!«

Typisch deutsch

So jemand, der es vorher beim Frisör noch super eilig hatte, geht hinterher mit großer Wahrscheinlichkeit ganz gemächlich zum gerade schließenden Supermarkt, um einzukaufen. Eleonore Richter sieht ihn schon kommen, solche wie er kommen jeden Tag, gerade wenn sie die Tür verriegelt. Jeden Abend kurz nach Ladenschluss brauchen ein paar Leute noch ganz schnell und absolut dringend was aus dem Super-markt.

»Darf ich bitte noch ganz schnell rein, ich brauch auch nur eine einzige Sache! Ich weiß auch genau, wo die steht!« Immerhin, am Abend, vor verschlossenen Türen, fällt das Wort »bitte« wieder gehäuft, denn die Machtverhältnisse haben sich jetzt mal kurz umgedreht. Aber Eleonore Richter geht es nicht um Macht, ihr geht es um Feierabend. Ihren eigenen und den ihrer Kollegen. Darüber kann sie nicht einfach so bestimmen.

Wenn Eleonore Richter einen bittenden Kunden nun trotzdem mal hereinlässt, fällt ihm irgendwo zwischen den Gängen mit Sicherheit ein, was er außer der einzigen Sache noch ganz dringend braucht. Wie bei einem Läufer, der die Zielgerade endlich passiert hat, verlangsamt sich sein Tempo schlagartig, sobald er sich erst einmal im Laden befindet. Gemächlich wird er seinen Einkaufskorb füllen und damit zur Kasse schlendern, wo eine Kassiererin Däumchen drehend auf ihn warten musste, bevor sie ihre Kasse endlich abschließen und abrechnen kann.

Bleibt Eleonore Richter hart, werden diverse Strategien und Argumente bemüht. Diese Argumente können alle Angestellten aller Supermärkte der Welt im Schlaf aufsagen:

Eine weinerliche Geschichte wird aufgetischt. Gerne kommen wartende Kinder darin vor oder alte Mütter. Eleonore Richter wird daran schuld sein, wenn sie heute hungrig zu Bett gehen müssen.

Es wird die Behauptung aufgestellt, die Uhr der Verkäuferin

gehe falsch. Aus genau diesem Grund aber gehen die Uhren von Verkäuferinnen immer genau richtig.

Anklagend wird darauf hingewiesen, dass da schließlich noch andere Leute im Laden seien. Die Erläuterung, dass man vor zehn Minuten auch noch reinkonnte, jetzt aber eben nicht mehr, führt zu weiteren weinerlichen Geschichten, die davon handeln, wie und warum man auf dem Weg zum Einkauf von gemeinen Menschen und widrigen Umständen aufgehalten wurde (von der unglaublich langsamen Frisörin, zum Beispiel).

Die unfortschrittlichen Ladenschlusszeiten werden beklagt: »Das ist mal wieder typisch deutsch! In Amerika machen die Supermärkte nicht schon um 21 Uhr zu!« (In Amerika wird halt etwas anderes gesagt).

Die verständnisvolle Tour: »Ich weiß, Sie wollen auch nach Hause. Bin sofort wieder raus hier, ehrlich!«

Letztere Taktik stellt sich am Ende als besonders perfide heraus. Als wäre die verständnisvolle Freundlichkeit quasi damit abgegolten, wenn man sie nur überzeugend genug geäußert hat, kaufen auch diese Kunden, wenn sie erst einmal im Laden drin sind, in aller Seelenruhe ein.

Jedenfalls lernt man als Verkäuferin früher oder später, nach Geschäftsschluss am besten niemanden mehr hereinzulassen. Schließlich haben die Angestellten auch ohne Nachzügler jeden Abend noch lange genug Gelegenheit, darauf zu warten, dass die letzten Kunden den Laden verlassen:

»Werte Kunden! Unser Geschäft schließt in Kürze. Wir bitten Sie, sich an die Kassen zu begeben und wünschen Ihnen einen schönen Abend. Besuchen Sie uns wieder.«

Diese Lautsprecherdurchsage ist für die meisten Menschen irgendwie zu abstrakt. Nichts an ihrem Einkaufsverhalten verändert sich dadurch. Sie schlendern weiter gemächlichen Schrittes durch die Gänge, greifen sich einen Artikel, betrachten ihn ausführlich und stellen ihn wieder zurück ins Regal. Sie begegnen Bekannten und bleiben auf ein Schwätzchen stehen. Kurz vor der Kasse drehen sie noch mal ab, um zur Käsetheke zu gehen und dort eine Weile händeringend herumzustehen, weil die Käsetheke natürlich nicht mehr besetzt ist. Sie müssen dann einen ganzen Abend lang ohne Käse auskommen.

Schlangenkämpfe

Wie jeder weiß, wird es kurz vor Geschäftsschluss noch einmal besonders hektisch. Der Laden ist proppenvoll, alle Einkaufswagen sind im Einsatz, und an den Kassen haben sich lange Schlangen gebildet.

Kunden gehen mit dieser Situation unterschiedlich um. Manche fangen jetzt an, zu meckern, während andere stoisch die Arme vor der Brust verschränken und ihr System in einen pflanzenartigen Zustand herunterfahren, bis sie an der Reihe sind.

Es gibt aber auch die, denen die Problematik insgesamt entgeht oder einfach egal ist. Vielleicht arbeiten sie auch bewusst auf eine Eskalation hin, wer weiß. Genüsslich tragen sie zur Verschärfung der Lage bei, indem sie mit Hilfe zeitlupenartiger Bewegungen für Verlangsamung sorgen. Nachdem Eleonore Richter die Waren eines solchen Schnecken-Kunden eingescannt hat, denkt er gar nicht daran, seinen Einkauf auch gleich noch einzupacken. Er wartet erst mal ab, was als Nächstes passiert.

Wie es an der Kasse so Sitte ist, wird Eleonore Richter ihm nun die zu zahlende Summe nennen, was einer Zahlungsaufforderung gleichkommt. Der Kunde beginnt nun, umständlich nach seinem Portemonnaie zu kramen. Als hätte er nicht geahnt, dass dieser Moment kommen würde. Ist das Portemonnaie schließlich hervorgewühlt, wird darin nach Geld gesucht. Huch, nicht genug dabei. Er zieht die EC-Karte heraus und reicht sie der Kassiererin. Was für ein Stress, er atmet erst mal durch und lässt die Gedanken ein wenig kreisen. Doch da wird er schon wieder von Eleonore Richter gestört und gnadenlos dazu gedrängt, seine Geheimzahl einzugeben. Wie war die noch mal?

Die schreckliche Kassiererin quält ihn weiter: »Die Geheimzahl war leider falsch.«

Noch mal überlegen, ach ja, so war die. Geschafft. Ach nein, jetzt ja noch die ganzen eingekauften Sachen einpacken! Na ja, immer langsam, erst mal EC-Karte und Kassenbon in Ruhe ins Portemonnaie zurückkrumpeln, Portemonnaie zumachen und in die Tasche packen.

Direkt hinter ihm schlagen sich andere Kunden vor die Stirn und weinen leise, von weiter hinten rufen sie: »Warum geht's denn hier nicht voran? Kasse kaputt oder was?« Genervt und verärgert werden sie gleich vor Eleonore Richter auftauchen und ihre Waren aufs Band pfeffern.

Wenn jetzt noch nicht alle Kassen besetzt waren, macht vielleicht nebenan noch eine auf. Schon bei den ersten Anzeichen dafür schnellt der Adrenalinpegel bei den in der Schlange anstehenden Kunden gewaltig in die Höhe, denn gleich gilt es, schnell zu sein. Gleichzeitig darf man aber auch nicht zu voreilig handeln, denn wenn die Kassiererin die Kasse am Ende doch nicht öffnet, sondern zunächst einmal nur die Papierrolle auswechselt, dann ist man ganz schön angeschmiert und hat seinen alten Platz in der anderen Schlange eventuell verloren. Also sprungbereit bleiben, um im entscheidenden Augenblick als Erster an die nagelneu geöffnete Kasse vorzupreschen. Kunden, die eben noch ganz hinten in der Reihe standen, schnellen triumphal nach vorne und stellen damit die vorher bestehende Warteordnung auf den Kopf. Eben noch galt die Warteordnung etwas, dann plötzlich zählt nur noch das Recht des Schnelleren.

Die Kassiererinnen können diesem Spektakel eigentlich ganz gelassen zusehen. Sie haben damit zunächst nicht viel zu tun. Andererseits hätten Eleonore Richter und ihre Kolleginnen ganz prinzipiell lieber freundliche und höfliche Kunden, die sich einfach überhaupt nie aufführen wie in einer Kampfarena.

Gute und schlechte Pausen

Das Problem, an einem geschäftigen Tag in die Pause zu gehen oder mal zur Toilette, ist eines, das alle Verkäufer und Dienstleister miteinander teilen. Jeder, der auch schon mal zur Toilette musste, weiß, dass das keine Lappalie ist.

Cornelia Reiber versucht jetzt schon seit einer Viertelstunde, ihre Pausenzeit zu nehmen, aber auf dem Weg zum Personalraum stellt sich ihr jedes Mal eine Kundin mit einem Anliegen in den Weg. Cornelia Reibers einzige Chance besteht darin, sich hinter einem Kassiercounter die Weste mit dem Namensschild auszuziehen, um sich unterwegs unerkannt unter die Kunden zu mischen. Im Sommer geht das besser als im Winter, wenn das Fehlen eines Mantels schon ausreicht, um sie als Angestellte des Hauses zu identifizieren.

Dann muss Cornelia Reiber manchmal einen durchaus sportlichen Versteckparcours absolvieren. Zuerst muss sie sich hinter einer Säule verbergen, bis die Kundin in dem Pelzmantel woanders hinguckt, dann schnell hinter den Aufsteller mit den Messern huschen und dort geduckt verharren, bis drei Kunden vorübergegangen sind und die Luft wieder rein genug ist, um mit einem sportlichen Hechtsprung die Elektroabteilung zu erreichen, wo sie sich an den ausgestellten Kühlschränken entlang relativ sicher zum Pausenraum schlängeln kann.

Was Eleonore Richter anstellen muss, wenn sie während der Arbeitszeit an der Kasse mal auf die Toilette muss, ist sogar noch viel schwieriger. Sie muss dann nämlich sitzen bleiben und weiterarbeiten.

Nahezu konträr gestaltet sich die Pausenproblematik für Larry Albers. Anders als eine Anstellung im Kaufhaus ist Taxifahren ein Provisionsjob. Immer, wenn Larry Albers im Taxi sitzt und länger auf Kunden wartet, kann er dabei zwar eine Rosinenschnecke nach der anderen futtern und in Ruhe drei Tageszeitungen durchlesen, aber er verdient dabei kein Geld. Und während der Arbeit kein Geld zu verdienen, ist erwiesenermaßen ungünstig.

Larry Albers hat sich also an einem Taxistand hinten angestellt und über eine Stunde gewartet, bis er endlich ganz vorne steht. Eine junge Frau kommt, öffnet die Tür, fragt: »Sind Sie frei?« und will dann bis zur nächsten Ecke gefahren werden.

Das ist natürlich ihr gutes Recht, und sie weiß es auch nicht besser. Für Larry Albers aber bedeutet das, dass er sich gleich wieder hinten anstellen muss, und so hat er in zweieinhalb Stunden fünf Euro eingenommen. Brutto. Der Fahrer hinter ihm hingegen fährt jetzt für dreißig Euro einen Mann zum Flughafen. Wenn Larry Albers in der nächsten Runde wieder eine Fünf-Euro-Fahrt bekommt, kann er sich bald nicht einmal mehr die Rosinenschnecken und eine Zeitung leisten, um die Wartezeit herumzukriegen.

Um das zu vermeiden, kann man sich als aufgeklärter Fahrgast deshalb so verhalten: Kommt man an einen Taxistand mit mehr als einem wartenden Taxi und möchte nur eine ganz kurze Strecke gefahren werden, dann gehe man zwar wie üblich zum vorderen Taxi, mache aber erst einmal nur die Tür auf und sage: »Guten Abend. Ich will nur bis zur nächsten Ecke. Soll ich lieber zum Kollegen ganz hinten gehen?«

Wenn der Fahrer lange gewartet hat, wird er dieses Angebot sicher annehmen. Seinen ungläubig staunenden Kollegen wird er später davon erzählen, welch intelligenten Fahrgast er heute zu Gesicht bekommen hat. Die werden das allerdings erst glauben, wenn sie es persönlich erlebt haben.

Hampelmann

Was macht eigentlich Lars Ruprecht? Lange nichts von ihm gehört!

Aha, er spricht mit einer Kundin. Die möchte zu Hause einen alten Tisch restaurieren und hat Fragen zum Thema Lasuren und Abbeizmittel. Lars Ruprecht will ihr gerade antworten, da ruft ein anderer Kunde dazwischen. Lars Ruprecht konnte diesen Kunden vorher schon dabei beobachten, wie er hektisch hinter der Kundin hin und her hampelte, während die ihre Frage formuliert hat.

»Scheuerleisten?«, ruft er.

Lars Ruprecht unterbricht sich und sagt: »Auf der anderen Seite, zwei Reihen nach links.«

»Ja, aber vorgestrichene.«

»Da stehen alle Scheuerleisten aus dem Sortiment. Auch vorgestrichene.«

»Nee, aber ich brauche andere.«

»Sie müssten bitte einem Augenblick warten,« sagt Lars Ruprecht, »denn die Kundin hier war vor Ihnen dran.«

Der Kunde wartet also, aber unter Protest. Er bleibt dicht neben Lars Ruprecht und der Kundin mit den Lasuren stehen und trommelt dabei mit den Fingern auf seinem Oberschenkel herum, bis sich Lars Ruprecht ihm schließlich zuwendet:

»So. Jetzt zu Ihnen. Sie suchen Scheuerleisten?«

Als sie beide vor den Regalen mit Scheuerleisten in diversen Farben, Längen und aus verschiedenen Materialien stehen, stellt sich heraus, der Mann weiß gar nicht so ganz genau, welche er braucht. Er muss erst mal telefonieren.

»Hey Ronnie, ich steh jetzt hier im Baumarkt und weiß jetzt nicht genau, solln das so schmale Leisten sein oder wie?« Aber anstatt eine brauchbare Antwort zu liefern, scheint Ronnie erst einmal ins Private zu driften, denn der Kunde sagt jetzt: »Ey nee, DIE Alte geht ja schon mal GAR nich!«, und Lars Ruprecht entfernt sich einen Meter, um dezent wegzuhören. In diesem Moment spricht ihn ein weiterer Kunde an, der ebenfalls eine Scheuerleistenfrage hat, allerdings eine konkrete. Lars Ruprecht setzt gerade zu einer Antwort an, da hört er, wie der andere Typ in sein Telefon sagt: »Ey, wart mal«, und dann, wutschnaubend, zu ihm:

»Sagensemal, bedienen Sie jetzt mich oder jemand anderen? Ich musste eben schließlich auch warten!«

Apothekerin erschlägt Frau

Anke Kowitsch wohnt nicht weit von der Apotheke, in der sie arbeitet, und ihre Besorgungen macht sie gleich nach Feierabend. Sie geht in den Gemüseladen nebenan und in den Supermarkt gegenüber, wo es zu dieser Zeit natürlich am vollsten ist und wo alle genauso schnell nach Hause wollen wie sie.

Ihren Apothekerkittel hat sie jedenfalls nicht mehr an, als sie sich im Supermarkt gerade noch eine Packung Nudeln greifen und dann schnell zur Kasse gehen will. Das nützt ihr allerdings wenig, denn sie wird trotzdem von einer Kundin erkannt und angesprochen:

»Ach, Sie sind doch die Apothekerin!« Anke Kowitsch ahnt bereits Schlimmes. »Wissen Sie, ich hab seit gestern so einen blöden Husten.«

»Ja, das geht ganz schön rum gerade«, sagt Anke Kowitsch. »Kommen Sie doch morgen mal vorbei, und holen Sie sich einen Hustensaft.«

»Meinen Sie, ich muss damit zum Arzt?« Die Frau hustet Anke Kowitsch und ihren Einkauf zu Demonstrationszwecken mal kurz an.

»Das glaube ich zwar nicht, aber wenn es Ihnen sehr zusetzt, sollten Sie wohl zum Arzt gehen. Gute Besserung Ihnen.« Anke Kowitsch lächelt noch einmal verbindlich und wendet sich dann zum Gehen. Mit einem kleinen, präzisen Ausfallschritt stellt sich die Frau ihr geschickt in den Weg. »Wissen Sie denn einen guten HNO hier in der Nähe?«

»Sicher, den Doktor Prassnik in der Torstraße könnte ich Ihnen empfehlen.«

»Welche Hausnummer ist das?«

»Tut mir leid, die habe ich jetzt grad nicht parat. Ist direkt in dem Eckhaus.«

»Wann hat der denn Sprechzeiten?«

»Die habe ich leider auch nicht im Kopf. Die Telefonnummer übrigens auch nicht.«

Die Frau hat jetzt einen Zettel hervorgeholt. »Also, ich muss mir das jetzt erst mal alles aufschreiben. Doktor Plassnik heißt der?«

»Prassnik.« Die Frau beginnt zu kritzeln.

Anke Kowitsch nimmt einen neuen Anlauf: »Nehmen Sie es mir nicht übel, gute Frau, aber ich muss jetzt wirklich los, ich erwarte gleich noch meine Schwester, die steht sonst ...«

»Und kann der auch Homöopathie?«

Vor Anke Kowitschs geistigem Auge taucht eine Schlagzeile auf: *Apothekerin erschlägt Frau mit Nudelpackung.*

10

»Aber im Internet
steht das so«
Halb- und Besserwisser

Goethe ohne Apostroph

Es kommt tatsächlich vor, dass Menschen ein Geschäft betreten, nicht um etwas zu kaufen, auch nicht, um sich umzusehen, und noch nicht einmal, um sich vor Regen unterzustellen, sondern einzig und allein, um auf einen Schreibfehler hinzuweisen. Ein Schreibfehler auf einem Schild, das draußen oder im Schaufenster hängt oder steht.

Die Art der Vergehen, die für die Fehlermelder von Interesse sind, folgt dabei bestimmten Moden. Hinweise auf falsche Groß- und Kleinschreibung sowie Getrennt- und Zusammenschreibung beispielsweise haben nach den Wirrungen der letzten Rechtschreibreform stark abgenommen. Ein wichtiger Hinweis darauf, dass selbst die penetrantesten Hüter orthografischer Korrektheit seither unter einer gewissen Verunsicherung leiden. Besonders *en vogue* hingegen ist seit einigen Jahren das Bemängeln falscher Apostrophe.

Natürlich kann es vorkommen, dass ein Ladenbesitzer so einen Hinweis mit Interesse aufnimmt und den Fehler korrigiert. Dann sind alle Beteiligten zufrieden. Damit es aber jemals so weit kommen kann, müssen bestimmte Voraussetzungen erfüllt sein, und zwar möglichst gleichzeitig:

Der Hinweis muss freundlich und nicht fordernd, am besten beiläufig und in Kombination mit einem Einkauf vorgebracht werden.

Der Hinweis muss an eine Person gerichtet sein, die tatsächlich Einfluss auf die fragliche Beschriftung hat. (Nicht eine McDonald's-Mitarbeiterin auffordern, sie solle die Speisekarten verändern.)

Der Hinweis soll politisch korrekt sein. (Nicht die chinesischen Besitzer eines Asia-Imbiss für die 45 Schreibfehler in der Karte rügen; nicht vom Besitzer der Döner-Bude verlangen, er solle seinen Laden umbenennen, weil »Beste Döner Bochum« grammatikalisch falsch sei.)

Der Hinweis muss die angesprochene Person interessieren. (Der gelangweilten Aushilfe im Spätkauf ist das falsche Apostroph, das ihr Chef auf ein Schild gekritzelt hat, herzlich egal.)

Der Hinweis muss stimmen.

Wenn eine dieser Voraussetzungen fehlt, hilft es auch nichts, wenn die Anmerkung mehrmals wiederholt wird, nach dem Motto: »Ich war letzte Woche schon mal hier drin und habe Ihre Kollegin freundlich darauf hingewiesen, dass man »leckere Drink's« ohne Apostroph schreibt, und jetzt steht es immer noch so dran!«

Stattdessen könnte man auch gleich mal das Gewerbeaufsichtsamt benachrichtigen.

Der natürliche Feind des Buchhändlers ist der Lehrer. Anders herum gilt das wahrscheinlich genauso, Buchhändler und Lehrer können sich gegenseitig einfach nicht leiden. Ihre Reviere kreuzen sich allerdings weniger in der Schule als in der Buchhandlung, wo sich die Lehrer vor allem damit unbeliebt machen, dass sie dem Buchhändler stets einen Mangel an Wissen beweisen möchten.

Wenn Lehrer in den Laden kommen, erklären sie Sonja Hermann gerne, wie sie ihre Kataloge und Datenbanken zu benutzen habe, und es ist auch schon vorgekommen, dass ihr ein Lehrer den Namen »Goethe« buchstabiert hat. Vielleicht merken manche Lehrer einfach nicht, dass sie das Schulgebäude schon verlassen haben.

Deren Schüler hingegen kommen oft mit bestürzend unklaren Vorstellungen zu Sonja Hermann:

»Ich brauch ein Reclam für den Deutsch-Unterricht.«

»Welches denn?«

»Wie, welches? Reclam soll ich holen. Is gelb.«

Wenn dem Schüler allmählich klar wird, dass diese Information nicht ausreicht, trägt natürlich der Lehrer die Schuld.

»Mehr hat der nicht gesagt.«

Dem Lehrer wird er am nächsten Tag natürlich erzählen, die Buchhändlerin hätte nichts kapiert oder nichts da gehabt, was wiederum den Lehrer bei seinem nächsten Besuch in der Buchhandlung dazu veranlassen wird, Goethe zu buchstabieren.

Das perfekte Dinner

Eine echte Boom-Gemeinde bildet die Untergruppe der gastronomischen Besserwisser und Super-Perfektionisten. Solche kommen zum Beispiel zu Max Honzinger an die Bar, bestellen sich einen Cocktail und überwachen dann das Mixprozedere auf unbedingte Korrektheit in ihrem Sinne.

Am liebsten bestellt so ein Gast ein Mischgetränk, über dessen Zutatenliste und/oder das Zubereitungsverfahren bekanntermaßen Uneinigkeit herrscht. Während Max Honzinger den Drink zurechtmischt, entscheidet sich der Gast spontan, welcher der konkurrierenden Mix-Schulen er den Vorzug gibt, und dabei hat immer jene Variante die besten Chancen, die der Barkeeper gerade nicht anwendet.

Besonders gefürchtet sind fanatische Martini-Perfektionisten, die sich schon untereinander heftig über die genaue Beschaffenheit des perfekten Martinis zanken und die den Barkeeper mit Verachtung strafen, sollte er nicht zufällig zu den Adepten exakt ihrer Martini-Lehre gehören.

Vielleicht haben diese Leute auch einfach die falschen Vorbilder. Schon James Bond war ein verdammt nerviger Gast, der sich nicht einfach mal von den Martini-Künsten des Barkeepers überraschen lassen konnte, sondern sofort immer seine eigenen Vorstellungen auf den Tisch packen musste (von seinem überhaupt nicht lupenreinen Martini-Geschmack einmal abgesehen).

»A dry martini«, he said. »One. In a deep champagne goblet.«

»Oui, Monsieur.«

»Just a moment. Three measures of Gordon's, one of vodka, half a measure of Kina Lillet. Shake it very well until it's ice-cold, then add a large thin slice of lemon-peel. Got it?« [4]

Max Honzinger verzichtet unter diesen Bedingungen sehr gerne auf James Bond als Gast an seiner Bar.

Als Kellnerin kann Corinna Weber die Hardcore-Perfektionisten meistens früh identifizieren, denn kaum hat sich ein solches Exemplar an einen Tisch gesetzt, beginnt es mit der Prüfung der Umstände. Messer werden geradegerückt, Gläser von hier nach da geschoben, der Hals wird sofort ungeduldig nach der Bedienung gereckt.

Ab diesem Zeitpunkt gibt es nichts mehr, was Corinna Weber noch richtig machen könnte. Schon als sie nur die Speisekarte bringt, gibt es den ersten genervten Seufzer, vielleicht weil der Winkel ihrer Armhaltung bei der Übergabe nicht exakt den Vorschriften entspricht. Danach wird es nicht besser. Unter anderem auch deshalb nicht, weil Corinna Weber sich keine allzu große Mühe mehr gibt. Erstens nämlich ist von diesem Gast eh kein Trinkgeld zu erwarten, und zweitens möchte Corinna Weber durchaus, dass er so schnell wie möglich verschwindet und niemals mehr wieder kommt. Möge er an einem anderen Ort sein Unwesen treiben, zum Beispiel indem er sich noch irgendwo einen perfekten Martini bestellt.

4 Ian Fleming im ersten Bond-Buch »Casino Royale«, 1953

Vor ihrer aktuellen Anstellung im Restaurant hat Corinna Weber auch mal als Bedienung in einem vegetarischen Bio-Bistro gearbeitet. Dort waren es tendenziell die etwas älteren Kunden, die Corinna Weber zu fürchten gelernt hatte, und Männer waren unterm Strich etwas schlimmer als Frauen. Als Prototyp des Grauens ist bei ihr dieser Mann in den Fünfzigern hängengeblieben, Stammgast, beruflich arriviert, ergrautes Haar. Er sagte zwar immer »Guten Tag«, wenn er zur Tür hereinkam, das aber stets schlecht gelaunt und ohne Corinna Weber jemals dabei anzusehen. Sein »Guten Tag« meinte auch nicht annähernd so etwas wie »Hallo, ich wünsche einen guten Tag«, sondern verkündete vielmehr: »Stillgestanden, ich bin da!«

Kritischen Blickes sondierte er stets die Speisen in der Vitrine, hinter der Corinna Weber ihren Platz hatte. Den Mantel geöffnet, hielt er die Hände in den Hosentaschen und war immer schon leicht genervt, weil vor ihm noch jemand dran war. Wenn er an die Reihe kam, stellte er sich etwas schräg zur Vitrine, leicht abgewandt gewissermaßen, und gab seine Order aus: »Ich nehme da einmal von der Spinatlasagne und dazu den Rucolasalat. Auf verschiedenen Tellern.« Dazu nahm er eine Hand aus der Hosentasche, um damit dirigierende Gesten zu machen. »Dazu machen Sie mir einen frischen Saft, Karotte und Orange gemischt, zu zwei Teilen Orange, ein Teil Karotte, und dann tun Sie einen Schluck Vollmilch dazu. So wie Sie das hier anbieten, kann sonst nämlich weder das Vitamin A noch das Vitamin E aufgenommen werden.«

Wenn man einen ähnlichen Job in einer Würstchenbude

macht, entwickelt man sicherlich andere Aversionen. Von den speziellen Eigenheiten der Bio-Bistro-Klientel hatte Corinna Weber jedenfalls sehr bald die Nase voll.

Totale Halbwisser

Als zweite Nerv-Gruppe nach den Lehrern empfehlen sich bei Sonja Hermann Jura-Studenten im ersten Semester, die im Seminar ein paar Brocken Rechtsdeutsch aufgeschnappt haben und seither meinen, jetzt geht's los. Ausgestattet mit ein paar willkürlichen Vokabeln wie »Umtauschrecht« oder »Rücknahmepflicht« versuchen sie, Bücher ohne jeden Mangel nach dem Lesen zurückzugeben, und wenn das nicht funktioniert, faseln sie schnell noch etwas von »Irreführung« hinterher.

Im zweiten Semester haben sie dann schließlich etwas vom Kaufvertrag gehört und geben wieder Ruhe.

Wahrscheinlich ist die Gruppe der Studienanfänger einfach nur repräsentativ für Menschen mit Rudimentärkenntnissen, von was auch immer. Wenn bei Hertha Murnau jemand auf dem Behandlungsstuhl sitzt, dessen Neffe eine neue Freundin hat, die demnächst auch Zahnmedizin studieren will (»vielleicht«), dann geht es ganz schnell, dass dieser Patient mehr weiß als Hertha Murnau nach eigenem Abschluss des Studiums plus mehrerer Jahre Berufserfahrung.

Weiterhin befördert im gesamten medizinischen Bereich das Internet den Hang zu zusammengepuzzeltem Halbwissen in ungeahnte Sphären. Nicht wenige Patienten, die zum Arzt kommen, haben sich ihre Diagnose samt Therapie bereits im Vorfeld ergoogelt und brauchen den Arzt jetzt nur noch als Rezeptaussteller. Doch wehe, der will die Selbstdiagnose nicht bestätigen, der inkompetente Quacksalber, der wahrscheinlich nur beleidigt ist, weil er offenbar nicht so gut Bescheid weiß wie man selbst.

Andersherum aber auch wehe, der Arzt stellt einfach unbesehen Rezepte für Medikamente aus, die am Ende gar nicht helfen oder sogar schaden – er als Fachmann hätte es doch besser wissen müssen, wofür ist man schließlich extra da hingegangen und hat im Wartezimmer stundenlang zerfledderte Boulevardmagazine durchblättern müssen?

Man sieht: Nicht unbedingt geht es dem Besserwisser um die Richtigkeit in der Sache. Eher meistens geht es ums Rechtbehalten an sich.

Für Taxifahrer wie Larry Albers ist es im Prinzip egal, wenn sich Fahrgäste in seine Routenplanung einmischen. In den meisten Fällen ist die von den Fahrgästen geforderte Wegführung umständlicher als die, die er selbst gewählt hätte. Das nervt zwar ein bisschen, denn natürlich hat Larry Albers auch eine Fahrerehre, und nur ungern fährt er deshalb wissentlich einen Weg, der nicht der beste ist. Andererseits bringen Diskussionen darüber meist gar nichts, während Mund halten und abstruse Anweisungen befolgen immerhin zusätzliches Geld in die Kasse spülen.

Vogelsitzbänke aus Mahagoni

Eine Kundin kommt zu Anke Kowitsch in die Apotheke und fragt, wo denn die Vichy-Kosmetik-Produkte geblieben seien. Die Apotheke, in der Anke Kowitsch seit acht Jahren arbeitet, hat diese Marke aber noch nie geführt. Eine Ecke weiter, das weiß Anke Kowitsch ebenso genau, gibt es eine andere Apotheke mit ausführlichem Vichy-Sortiment.

Sie sagt der Kundin also: »Vichy haben wir hier nicht, da verwechseln Sie uns sicher mit der Apotheke weiter vorne an der Ecke.«

»Nein, nein,« sagt die Frau, »ganz sicher war das hier. Hier auf der linken Seite standen die immer. Das ganze Sortiment.«

Diese Beschreibung trifft nun präzise auf besagte Apotheke an der Ecke zu. Anke Kowitsch kann es also nur wiederholen: »Sie meinen wirklich die andere Apotheke, wir hatten hier noch nie Vichy, wirklich, ich arbeite hier seit acht Jahren.«

Da wird die Kundin sauer: »Entschuldigung, aber ich gehe immer in diese Apotheke, niemals in die an der Ecke, und ich habe immer hier meine Vichy-Produkte gekauft!«

Erinnern wir uns auch noch einmal an Jens Kniebe, der mit Thuja-Wurzelholz-Kästchen auf dem Weihnachtsmarkt steht. Thuja-Wurzelholz, wer kennt das schon? Sagen wir mal: Keiner. Wenn also ein Pärchen vorbeikommt, und die Frau fragt den Mann: »Was issn das für Holz?« (eine Dauerbrenner-Frage an Jens Kniebes Stand), dann hat der Mann drei Möglichkeiten: Erstens, Unwissen eingestehen; zweitens: Unwissen nicht eingestehen; drittens: einen Witz machen.

Jens Kniebe, der es oft genug erlebt hat, schätzt die Verteilung des tatsächlichen Verhaltens im Praxistest etwa so ein:

Unwissen eingestehen: 20 %

Unwissen nicht eingestehen: 60 %

Witz machen: 20 %

Die Variante »Unwissen eingestehen« funktioniert ganz einfach, die Männer sagen »Weiß nich« und zucken dabei einmal kurz mit den Schultern.

Männer, die sich für »Unwissen nicht eingestehen« entscheiden, also die Mehrheit, tun das, indem sie »Mahagoni« sagen. Mahagoni ist das eine Edelholz, das alle kennen, und bevor man sich vor seiner Frau die Blöße der Unwissenheit gibt, sagt man also »Mahagoni«.

Der Witz, der zu dieser Situation gehört, ist übrigens so speziell, dass er im entsprechenden Kapitel über Witze vorläufig ausgespart wurde, um nun hier erst aufzutauchen. Er geht so:

Frau: »Was issn das für Holz?«

Mann: »Vogelsitzbankholz.«

Man glaubt es kaum, aber tatsächlich ist das ein echter Standardspruch, zumindest unter dem Menschenschlag der Weihnachtsmarktbesucher.

Und was die Mahagoni-Vertreter im Gegensatz zu den Vogelsitzbankholz-Vertretern an dieser Stelle illustrieren: Auch wenn man gar keine Ahnung hat, kann man immer noch so tun als ob.

11

»Wissen Sie, was ich meine?«

Kunden ohne jeden Schimmer

Schwierige Türen

Leider gibt es ja zu jedem Problem eine Art Gegenproblem. Das ist schlimm, weil sich die Probleme der Welt durch diesen Mechanismus im Prinzip verdoppeln. Es kann aber auch etwas Tröstliches haben: Hat man es als Arzt oder Buchhändler gerade mit einem nervigen Besserwisser zu tun, kann man sich mit dem Gedanken beruhigen: »Immerhin kein totaler Nullchecker.« Oder man sieht es genau umgekehrt, je nachdem, mit welchem Typus man besser zurande kommt.

Fest steht jedenfalls: Es gibt nicht nur Leute, die einem ihr (vermeintliches) Wissen aufdrängen, es gibt auch welche, die haben einfach überhaupt keine Ahnung.

Sandra Grissemeyer erlebt Kundinnen, die scheitern schon daran, die Tür zur Umkleidekabine zu öffnen. Den Arm voller Klamotten, die von anderen Kundinnen in und um die Umkleidekabinen herum liegengelassen wurden (ein Problem, auf das wir noch zu sprechen kommen), sieht sie, wie sich solch eine Kundin mit der Tür abmüht.

»Schieben«, sagt Sandra Grissemeyer, doch die Kundin zieht.

»So reinschieben. Das ist eine Schiebetür.« Sandra Grissemeyer macht ihr die Bewegung vor.

Die Kundin ruckelt noch mal an der Tür und guckt dann hilflos, bis Sandra Grissemeyer die Sachen ablegt und ihr die Tür öffnet.

»Ach so«, sagt sie und geht hinein.

Natürlich kann so etwas leicht passieren, es ist ja nicht jeder gleichermaßen praktisch veranlagt. Und Türen haben es auch wirklich in sich, mal drücken, mal ziehen und dann auch noch schieben, wer soll da den Überblick behalten.

Noch schwieriger, als eine Tür zu öffnen oder zu schließen, ist es aber, eine Tür zu kaufen, wie Lars Ruprecht weiß. Rein optisch fällt die Wahl erst einmal leicht, die Kunden kommen zu ihm und sagen: »Ich hätte gern diese Tür da.«

Mehr haben sich die meisten allerdings schon nicht mehr überlegt zu diesem Thema, was Lars Ruprecht spätestens dann merkt, wenn er fragt, welche Breite die Tür denn haben soll.

Der Mund des Kunden öffnet sich, die Augenbrauen heben sich. Schließlich sagt er: »Ähhh ...«, und dann: »Na ganz normal.«

Doch wie zuvor bereits bewiesen wurde, gibt es auf dieser Welt nur Weniges, das »normal« ist oder »Standard«. Türen

129

jedenfalls gehören nicht dazu, sie sind in den unterschied-
lichsten Größen zu haben. Wenn man eine Tür kaufen möchte, sollte man die Wandöffnung deshalb vorher ausgemessen
haben, und zwar unbedingt.

Nun gut, der Kunde hat das versäumt, aber sein Sohn ist
vielleicht schon aus der Schule zurück, er ruft ihn mal an. Tatsächlich ist der Sohn zu Hause und wird nun zum nachträg-
lichen Ausmessen aufgefordert. Vorher muss ihm aber noch
erklärt werden, wo er den Zollstock findet. Das dauert etwas.
In dieser Zeit erklärt Lars Ruprecht dem Kunden, dass er auch
das Maß der Wandstärke braucht. Der Kunde hebt wieder verloren die Augenbrauen. »Wie dick die Wand ist«, erklärt Lars
Ruprecht, aber das nützt nicht viel. »Das ist so eine ganz normale Wand!«, sagt der Kunde, und Lars Ruprecht schüttelt
traurig den Kopf.

Der Sohn hat den Zollstock schließlich gefunden und gibt
ein paar krumme Maße durch, die entweder falsch sind oder
aber ein nicht vorrätiges Sondermaß erfordern. Lars Ruprecht
rät dem Kunden, zu Hause lieber noch einmal genau nachzu-
messen. Der Kunde nickt trübsinnig. Vorsichtig setzt Lars
Ruprecht nach: »Und Sie müssen dann auch wissen, welche
DIN-Richtung die Tür haben soll, das heißt, in welche Richtung sie sich öffnen soll.«

»Aber Türen haben doch sowieso zwei Seiten!«

Lars Ruprecht räuspert sich. »Ja, das stimmt. Aber die Seiten sind nicht gleich.«

Er demonstriert dem Mann anhand der ausgestellten Türen den Unterschied zwischen Rechts- und Links-Türen. Der

Mann hört angestrengt zu, und Lars Ruprecht ist sich nicht ganz sicher, ob es ihm später zu Hause auch gelingen wird, diese Informationen in die Praxis zu transferieren. Lars Ruprecht macht sich jedenfalls darauf gefasst, den Kunden noch ein paarmal zum Türen-Umtausch zu empfangen.

Schwierige Zahlen

Überhaupt erst einmal zur Tür des Kunden zu finden, kann für Handwerker eine knifflige Aufgabe sein. Viele Kunden, die sich Handwerker ins Haus holen, ziehen gerade neu irgendwo ein und haben sich noch nicht die Mühe gemacht, sich ihre neue Hausnummer so genau einzuprägen. Ihre Angaben sind oft ein ungefährer Peilwert. Nummer 45 könnte auch 35 bedeuten oder 46. Von nötigen Zusatzinformationen wie Hinterhaus oder Remise mal ganz zu schweigen.

Wenn Wolfgang Gerndorf also mal wieder vor einer Haustür steht, an der sich der gesuchte Name nirgends findet, ruft er den Kunden noch einmal an.

»Gerndorf hier, ich stehe jetzt unten vor Nummer 45, finde aber Ihren Namen nicht.«

»Nicht? Müsste aber dranstehen. Virchow.«

»Steht hier nirgends. Wo soll ich klingeln?«

»Na bei Virchow.«

»Gibt's ja hier nicht.«

»Das kann ja nicht sein. Ich komm mal runter.«

Auf der gegenüberliegenden Straßenseite, aus Haus Nummer 46, sieht Wolfgang Gerndorf ein paar Minuten später einen suchend um sich blickenden Mann herauskommen. Es ist sein Kunde: »Nummer 46. Hatte ich doch gesagt!«

Sandra Grissemeyer indessen hat immer wieder Gelegenheit, sich über Kunden zu wundern, die Zahlen nicht gerne selber ablesen. Sie kommen mit einem Kleidungsstück zu ihr und fragen: »Was kostet das?« Manchmal, wenn das Etikett mit dem Preisschild fehlt, ist die Frage auch begründet. Meistens haben Kunden das Preisschild aber übersehen oder sind nicht auf die Idee gekommen, einen Blick daraufzuwerfen. Dann guckt Sandra Grissemeyer, durchaus ein bisschen demonstrativ, auf das Schild und sagt: »18,95.« Damit hat sie dem Kunden zum einen den Preis genannt und ihm zum anderen gezeigt, wie man die Preise ganz einfach selber herausfinden kann.

Die Wirkung ist jedoch nicht immer nachhaltig. Der eine oder andere Kunde kommt Minuten später mit zwei weiteren Kleidungsstücken zu ihr zurück und fragt:

»Und die hier?«

Sandra Grissemeyer wirft wieder einen Blick auf die Schilder, nennt die Preise, deutet noch einmal auf die Schilder und sagt: »Die Preise stehen immer hier auf diesen Schildern.«

»Ahh!«, sagt der Kunde, hoch erfreut. »Okay!«

Sandra Grissemeyer fragt sich, ob der sein bisheriges Leben im Wald verbracht hat.

Schwierige Sortimente

Oft wird Eleonore Richter an der Kasse oder zwischen den Regalen nach Produkten gefragt, die in der Handelskette, für die sie arbeitet, nicht verkauft werden. Dabei kann es sich um eine bestimmte Sorte Erdnussbutter oder Joghurt handeln, jedenfalls sagt Eleonore Richter dann: »Diese Marke führen wir leider nicht«, und manchmal wird diese Antwort auch relativ problemlos verstanden. Wenn nicht, wird es schnell kompliziert:

»Sagen Sie, ich finde hier gar nicht die Säfte von Naturkind.«

Zum Glück kennt sich Eleonore Richter gut aus: »Naturkind ist ja auch die Handelsmarke von Kaiser's und Tengelmann, die führen wir gar nicht.«

»Das ist aber schade, das sollten Sie mal aufnehmen in Ihr Sortiment.«

»Das geht leider gar nicht, es ist ja wie gesagt die Handelsmarke eines anderen Unternehmens.«

»Persil ist ja wohl auch ein anderes Unternehmen.«

»Aber keine Handelsmarke.«

»Na toll. Dann kauf ich mir meinen Naturkind-Saft halt nebenan bei Aldi.«

Es ist für Produkte aber gar nicht unbedingt notwendig, nicht vorhanden zu sein, um nicht gefunden zu werden. Bei Jörg Meierhöfer im Möbelgeschäft stehen Kunden auch mal vor dem Regalsortiment und fragen: »Haben Sie Regale?« Lars Ruprecht wird in der Fliesenabteilung nach Fliesen gefragt und zu Natascha Podinski kommen die Leute in den Frisörsalon und fragen: »Schneiden Sie Haare?«

Schwieriges Ich

Anne Westing ist Ärztin in einem Krankenhaus. Genau wie Hertha Murnau mit ihren Anamnesebögen braucht auch sie von jedem Patienten möglichst umfassende, vor allem aber möglichst korrekte Informationen zu seiner Kranken-Vorgeschichte. Beim Aufnahmegespräch mit einem neuen Patienten verlagert sich die Problematik deshalb von bloß »schwierig« hin zu »riskant«, wenn der offenbar überhaupt keine Ahnung hat, was mit seinem Körper so Sache ist.

Alle Fragen nach Bluthochdruck, Herzproblemen, Allergien und anderen chronischen Leiden werden selbstverständlich verneint. Dann reicht der Patient Anne Westing seinen Medikamentenplan, auf dem Blutdruck senkende Mittel ebenso verzeichnet sind wie Tabletten gegen Diabetes.

»Herr Schulz, Sie haben ja doch Probleme mit dem Blutdruck, oder? Und Diabetes haben Sie auch. Das haben Sie doch eben verneint.«

»Wie kommen Sie denn darauf?«

»Hier steht, Sie nehmen regelmäßig Medikamente gegen Bluthochdruck und Diabetes.«

»Ja, eben. Seit ich die nehme, hab ich das ja nicht mehr.«

Dazu passt es ganz gut, dass bei einem Radioredakteur einmal eine Frau anrief und sagte: »Hören Sie, es kann nicht sein, dass Michael Jackson gestern gestorben ist! Erst heute habe ich ihn schon zweimal hier in Ihrem Sender gehört!«

12

»Ach so, sorry«
Gedankenlosigkeiten

Unterhosen in der Pizza

Im Duo mit den überzogenen Ansprüchen bildet das Übel der Gedankenlosigkeit so etwas wie das Zentralorgan des problematischen Kundenverhaltens. Der größte Teil aller in diesem Buch so liebevoll zusammengetragenen und gewissenhaft dokumentierten Ausfälle lässt sich auf die eine oder andere Gedankenlosigkeit oder eben auf einen übertriebenen, unverhältnismäßigen Anspruch zurückführen. Unhöflichkeit ist oft eine Form der Gedankenlosigkeit. Geiz hat viel mit unverhältnismäßigen Ansprüchen zu tun, Besserwisserei sowieso.

Trotzdem gibt es auch die genuinen, reinen Gedankenlosigkeiten, die sich keiner anderen Kategorie zuschlagen lassen. Klassischerweise werden sie begleitet vom typisch abwesenden Gesichtsausdruck der Gedankenlosigkeit, zum Beispiel wenn wieder eine Kundin verträumten Blickes mit einer Hand im Vorbeigehen den von Sandra Grissemeyer gerade eben frisch gefalteten T-Shirt-Stapel zerwühlt. Für die T-Shirts interessiert sie sich dabei ganz offenbar überhaupt nicht. Mit ihren Gedanken ist sie gerade dabei, was sie sich später zum Abendessen machen könnte, aber er fühlt sich einfach so gut an, dieser weiche, glatte Stoff, und wie schön das alles aufeinanderliegt, herrlich. Wie eine noch unberührte Fläche voll frisch gefallenem Schnee, die man als Erster betreten und zertrampeln kann.

Das Gebrechen der Gedankenlosigkeit paart sich mit dem Kreuz der Faulheit, wenn Kundinnen diverse Teile zum Probieren mit in die Kabine nehmen, und dann einfach alles verkrumpelt dort liegen lassen. Denen würde Sandra Grissemeyer ganz gerne auch mal was verkrumpeln, die Visage zum Beispiel.

Kunden, die in Supermärkten oder Kaufhäusern Dinge eine Weile mit sich herumtragen und dann an anderer Stelle einfach wieder ablegen, machen sich damit ebenfalls nicht beliebt. Mal findet Cornelia Reiber zwischen den Pfannen einen Dreierpack Unterhosen und mal ein paar Deko-Sterne zwischen dem Geschirr. Ein Nachthemd liegt über einer Espressomaschine und ein Fotorahmen wurde hinter den Besteckauslagen ausgesetzt. Traurige, deplatzierte Gegenstände, die allesamt eingesammelt und quer durchs Haus wieder an ihre ordnungsgemäßen Plätze zurückgeführt werden müssen (zusammen mit den Waren, die an der Kasse noch mal eben aussortiert wurden, wir erinnern uns).

Auch im Supermarkt muss Eleonore Richter täglich Gurkengläser aus dem Tiefkühlpizzafach herausholen, Schokoladentafeln aus dem Zeitschriftenregal und, besonders blöd, zwischen den Tütensuppen weich gewordene Butterpakete aufwischen.

Meistens geschehen diese Dinge ungesehen und bleiben ungestraft, aber wenn Cornelia Reiber oder Eleonore Richter mal jemanden beim Waren-Deplatzieren beobachten, dann sprechen sie den Fall, höflich kodiert, durchaus an:

»Hallo, Sie haben hier Ihre Unterhosen zwischen den Pfannen vergessen.«

»Was? Ach so, ja, sorry. Können Sie aber auch wegtun, ich will die gar nicht kaufen.«

Wo fliegen Sie denn sonst so?

Wenn Stephanie Wöhler an Bord Kaffee und Tee ausschenkt, gehört dazu standardmäßig die Frage: »Möchten Sie Milch und Zucker dazu?«

Doch wie oft, dort hoch oben über den Wolken, stellt sich ihr nach Abschluss des Kaffeeausschanks die Frage nach der Vergeblichkeit aller menschlichen Kommunikation. Denn auf manchen Flügen ruft beinahe jeder dritte Tee oder Kaffee trinkende Passagier, der die Frage zunächst mit einem Kopfschütteln beantwortet hat (was in unserem Kulturkreis allgemein als »Nein« gedeutet werden kann), einige Minuten später, wenn Stephanie Wöhler und ihre Kollegin bereits ein paar Reihen weiter vorgedrungen sind: »Hallo? Entschuldigung, kann ich bitte noch Milch und Zucker zum Kaffee haben?«

Über die Gründe dafür kann man leider nur rätseln. Geht es um Aufmerksamkeit? Also jetzt nicht im Sinne einer unaufmerksamen Zerstreutheit, durch die man eine Frage, die man eigentlich bejahen möchte, gedankenverloren verneint, sondern um die zusätzliche Aufmerksamkeit, die man sich verschafft, wenn man in einer ansonsten äußerst passiven Situation noch einmal die Stimme erheben und etwas fordern kann?

Ist es wieder der Mitnahmeeffekt, der bewirkt, dass Passagiere, die ihren Kaffee lieber pur trinken, im Nachhinein trotzdem von Neid durchzuckt werden, weil der Sitznachbar jetzt dieses hübsche Zuckertütchen bekommen hat, während man selber ohne hübsches Zuckertütchen dasitzt? Oder liegt es nun doch an einer unaufmerksamen Zerstreutheit, durch die man eine Frage, die man eigentlich bejahen wollte, gedankenverloren verneint?

Alles ist möglich.

Auch nicht viel besser ist die zum Flugende hin beliebte Frage an Stephanie Wöhler, ob sie jetzt gleich wieder zurückfliege. Zum Beispiel am Ende eines Neun-Stunden-Fluges nach Bangkok. Stephanie Wöhler hat nach so einem Flug mit allem drum und dran zwölf Stunden Arbeit hinter sich, aber die Leute meinen offenbar, das reiche noch nicht ganz aus. Oder aber sie haben noch gar nicht so richtig bemerkt, dass Stephanie Wöhler hier tatsächlich arbeitet – sie fliegt ja nur. Erst fliegt sie hin, und dann fliegt sie halt gleich wieder zurück, was soll's.

Eine freundlichere Erklärung wäre, dass die Leute sich sorgen. Dass die Flugbegleiterin, anders als man selbst, nicht zum Urlaubmachen nach Thailand geflogen ist, ahnt man schon. Also muss sie ja wieder zurück. Wenn Feierabend ist, geht man doch nach Hause! Das wäre zwar gut gemeint, doch auch Fürsorglichkeit schützt vor Torheit nicht.

In der Disziplin »Einfach mal anderer Leute Beruf in Frage stellen« sind Taxi-Fahrgäste ohnehin noch viel weiter vorn als Fluggäste. Der arme Larry Albers wird in seinem Taxi ständig danach gefragt, was er »denn sonst so« mache, und dabei geht es den Fahrgästen nicht darum, zu erfahren, welchen Hobbys er frönt, sondern was er beruflich macht.

Larry Albers aber ist von Beruf Taxifahrer. Und das erscheint ihm auch nicht als Defizit, solange er mal nicht gefragt wird, was er sonst so mache.

Kaltes Bier und teure Cremes

Das Leben in unseren Breitengraden hält ein paar jahreszeitlich immer wiederkehrende Ereignisse bereit. Jeden Winter von neuem: der erste Schnee. Immer im Sommer: der erste Grillabend. Beides bricht, aller Erfahrung und der emsigen Aufklärungsarbeit der Meteorologen zum Trotz, anscheinend jedes Mal wieder völlig überraschend über die Bevölkerung herein.

Kaum sind die ersten Schneeflocken gefallen, stürmen

die Menschen in die Baumärkte und kaufen Streusand und Schneeschaufeln. Dabei sind alle extrem in Eile, denn schließlich haben sie ja auch noch anderes zu tun, als Schnee zu schippen und Sand zu streuen. Aber, oh weh, ausgerechnet an diesem Morgen ist es total voll, und die Kassenschlangen sind lang. Was wollen die denn alle hier, hätten die nicht auch mal früher ihren Streusand kaufen können? Und jetzt sind auch noch die Schneeschaufeln ausverkauft in diesem verdammten Saftladen!

Und dann im Sommer. Es ist Samstag und schon am Morgen heiß. Perfektes Grillwetter, jetzt braucht man nur noch Kohlen und vielleicht mal wieder einen neuen Grill. Geht man in den Baumarkt, wo es auch nicht kühl ist und wo die anderen Grillwilligen sich auch schon eingefunden haben auf der Jagd nach Kohlen und dem neuen Grill. Dazu könnte man vielleicht noch eine Grillzange, einen Sonnenschirm und eine Sitzbank gebrauchen.

Kunde A: »Können Sie mir mal Ihre Grille zeigen?«

Kunde B: »He, he, Moment mal, ich bin jetzt erst mal dran!«

Kunde C: »Ganz kurz mal nur dazwischengefragt: Haben Sie auch Papierteller und Plastikbesteck?«

Lars Ruprecht schwitzt.

Kunde D: »Jetzt renne ich schon eine halbe Stunde hier rum bei der Hitze! Man will doch endlich mal nach Hause, den Grill anschmeißen und das Bier kalt stellen!«

Kaltes Bier! Lars Ruprecht kommen die Tränen bei dem Gedanken. Er hat noch bis 20 Uhr Schicht.

Tränen treten auch Harriett Fuchs manchmal in die Augen, obwohl sie von verschwitzen Männern mit Grillwunsch weitgehend verschont bleibt, zumindest bei der Arbeit. Harriett Fuchs ist eine Kaufhauskollegin von Cornelia Reiber, arbeitet aber hauptsächlich in der Parfüm- und Kosmetikabteilung.

Dort ist sie es durchaus gewöhnt, dass für kleine Döschen mit Make-up und Cremes große Summen Geld in die Kasse wandern. Es geht ruck, zuck, und schon hat eine Kundin wieder zwei Verkäuferinnen-Monatsgehälter in eine Tube Edel-Make-up, zwei Cremes, ein Parfüm und noch ein paar bunte Schminksachen investiert. So weit alles in Ordnung und ganz im Sinne des funktionierenden kapitalistischen Warenaustausches.

Wenn so eine Kundin dann aber anfängt, in einem missratenen Anflug von Rechtfertigungsdrang gegenüber Harriett Fuchs darüber zu lamentieren, dass sie »das ganze Zeug ja eh mal wieder alles gar nicht« brauche »aber trotzdem immer so gerne« kaufe, dann würde Harriett Fuchs schon gerne ein paar Alternativvorschläge zur Verwendung des gerade eben so sinnlos verprassten Geldes machen.

»Ach wissen Sie was, wenn Sie das alles so gar nicht brauchen, dann geben Sie den Gegenwert doch einfach mir, ich mache davon zwei Monate lang unbezahlten Urlaub.«

Eingeschweißte Wasserkocher

Zum Aufgabenbereich eines Verkäufers gehört natürlich noch mehr als der Kundenkontakt. Die ganze Regal-Nummer zum Beispiel: Regale umräumen, Regale in Ordnung halten, Waren nachfüllen, Muster aufstellen.

Ungefähr auf Augenhöhe stehen in den Regalen die Ausstellungsstücke. Ausgepackte Wasserkocher zum Angucken, und darunter stehen dann die Kartons mit den original verpackten Wasserkochern desselben Typs. Deutlich erkennbar an der Beschriftung »Wasserkocher XY« plus Bild.

Öffnet man einen dieser Kartons, findet man darin zielsicher einen Wasserkocher, der mit dem zu Anschauungszwecken aufgestellten Muster-Wasserkocher oben drüber so gut wie identisch ist. Öffnet man noch einen Karton, ereignet sich dasselbe Spektakel noch einmal. Diese Kartons aufzumachen, zumal wenn man sie nach dem Öffnen nicht unmittelbar zur Kasse trägt, ist demnach eine einwandfrei sinnfreie Aktivität. Die nichtsdestotrotz ihre hartnäckigen Anhänger hat. Davon zeugen zumindest all die aufgerissenen Kartons in Baumärkten, Warenhäusern und Elektrogeschäften, deren nicht mehr original verpackten Inhalt dann keiner mehr kaufen will. Und so viele Ausstellungsstücke kann Lars Ruprecht auch nicht gebrauchen.

Ähnlich bis noch schlimmer ergeht es Sonja Hermann, wenn sich ein gedankenloser Kunde für ein recht teures Buch interessiert, einen noch eingeschweißten Band über moderne Architektur für 95 Euro. Er möchte da gerne mal reinblättern, sagt er.

»Kein Problem«, sagt Sonja Hermann, schält ihm das Buch aus der Folienverschweißung heraus und legt es auf den Tisch. Der Kunde nimmt das Buch hoch und schlägt es erstmal so weit auf, dass es kracht.

»Ui, bitte vorsichtig«, sagt Sonja Hermann. »'Tschuldjung, 'tschuldjung«, sagt der Kunde. Dann beginnt er zu blättern, wofür er sich die Finger befeuchtet. Sonja Hermann kann gar nicht mehr hinsehen und hofft jetzt nur noch inständig, dass der Kunde das Buch auch kaufen wird.

Tatsächlich kommt er ein paar Minuten später zu ihr und sagt:

»Sehr schön, ich nehme das. Geben Sie mir doch bitte ein eingeschweißtes Exemplar, ich möchte es verschenken.«

13

»Und was ich auch noch erzählen wollte«

Überflüssiges Gerede

Geschäft zerredet

Während man als Angestellter in einem Unternehmen einmal im Monat ein regelmäßiges Gehalt in vorher bekannter Höhe überwiesen bekommt, lebt Jens Kniebe, unser Verkäufer von Wurzelholzkästchen aus marokkanischem Thujaholz, ausschließlich von seinen eigenen schwankenden Umsätzen. Diese beruhen auch noch auf der fragilen Voraussetzung, dass Jens Kniebe relativ wenige, aber dafür hochpreisige Artikel verkauft. Und weil das Hauptgeschäft außerdem in einem saisonal sehr begrenzten Zeitraum, nämlich vor Weihnachten, ablaufen muss, ist jede Minute auf dem Weihnachtsmarkt entscheidend dafür, dass auch im nächsten Jahr die Miete gezahlt werden kann.

Vor allen Dingen aber wächst die Bedeutung des einzelnen Kunden. Wenn sich also Weihnachtsmarktbesucher zu Jens Kniebe an den Stand stellen, um ein bisschen mit ihm zu plaudern, weil sie nämlich auch schon mal in Marokko waren, dann ist das in Ordnung für ihn, solange es einigermaßen leer ist. Problematisch wird dergleichen, wenn Plaudertaschen ohne jedes Kaufinteresse seine Aufmerksamkeit binden, während sich daneben jemand für eine der Schatullen interessiert.

Nach all den Jahren im Weihnachtsmarkt-Wurzelholz-Business weiß Jens Kniebe ganz genau, dass sein Geschäftserfolg sehr wesentlich auf den Zusatzinformationen beruht, die er interessierten Kunden persönlich liefern muss. Außerdem hat er seinen Blick dafür geschult, welcher Standbesucher ein Käufer sein könnte und wer eher nicht.

Da kommt also dieses Ehepaar an den Stand und sieht sich erfreut die Schatullen an. »Das ist marokkanisches Wurzelholz«, sagt Jens Kniebe, »Handarbeit.«

»Ja!«, ruft die Frau. »Wissen Sie, so eine ähnliche habe ich auch zu Hause! Ist ein Erbstück von meiner Urgroßmutter!«

»Aber aus Mahagoni«, sagt der Mann.

»Nee!«, ruft die Frau. »Genau so. So ein Holz. Aus Marokko iss so was, sagen Sie?«

Unterdessen kommen und gehen Leute am Stand vorbei, ein Mann bleibt länger stehen, Jens Kniebe erkennt in ihm den Prototyp des solventen Ehemannes auf Weihnachtsgeschenkejagd. Der perfekte Kunde, für den er, Jens Kniebe, das perfekte Geschenk hat. Zwei, die sich gesucht haben.

»Und warum gibt's das nur in Marokko?«, fragt die Frau.

»In Marokko wird diese Holzart bewirtschaftet.«, sagt Jens Kniebe. »Einen Moment mal bitte.« Er will sich dem neu dazugekommenen Mann zuwenden, der bereits Blickkontakt gesucht hat.

»Und ist das sehr alt?«, fragt die Frau weiter.

»Nein, das ist gar nicht alt, das ist nagelneu.«

»Aber ich hab genau so eine ähnliche, und die ist schon sehr alt!«

Es ist eine sensible Situation. Einerseits muss Jens Kniebe sich dem Kunden schnell zuwenden, um nicht zu riskieren, dass er gleich wieder weitergeht. Andererseits macht es auch keinen guten Eindruck, wenn er andere Standbesucher einfach stehenlässt, besonders jetzt, wo die Frau noch einmal sehr detailreich ihre eigene Schmuckschatulle beschreibt, auf welcher Anrichte sie steht (die im Schlafzimmer) und was sie darin aufbewahrt (Knöpfe).

»Entschuldigen Sie mich kurz, ich müsste mal … «, unterbricht er die Frau, aber im selben Augenblick wird der Mann von jemandem gerufen. Unter Schmerzen sieht Jens Kniebe, dass der vielversprechende Kunde sich zum Gehen wendet, während das Ehepaar immer noch da rumsteht und sich Fransen an den Mund plappert.

Irgendwann im Laufe des Tages ziehen auch diese beiden ab, ohne Schatulle natürlich, denn sie haben ja bekanntlich schon eine.

Arztpraxen haben auch Schwierigkeiten mit dem Terminmanagement, aber andere. Jedenfalls ist die Terminplanung eine hoch diffizile Angelegenheit. Manche Behandlungen brauchen länger als veranschlagt, und immer wieder kommen unangemeldete Notfälle dazwischen.

Erschwerend hinzu kommt das schreckliche Phänomen, dass Kunden (oder in diesem Falle Patienten) die besonders lange warten mussten, sich umso mehr Zeit nehmen, wenn sie dann endlich an der Reihe sind. Als Ausgleich gewissermaßen. Patienten, die es endlich ins Behandlungszimmer geschafft haben, wollen nach der Behandlung noch ein wenig übers Wetter plaudern, eine neue Zahnpasta empfohlen kriegen und außerdem noch wissen, zu welchem Frisör Hertha Murnau eigentlich geht (»Was ich Sie immer schon mal fragen wollte!«). Wenn das Wartezimmer von Hertha Murnau also erst einmal richtig voll ist und alle sich dort länger aufhalten müssen, als ihnen lieb ist, dann verschlimmert sich die Lage nach hinten heraus immer noch mehr. Menschen sind so.

Also, jedenfalls …

… selbst wenn es ringsherum keinen weiteren Schaden anrichtet, kann endloses Geplapper auch einfach nur so für sich genommen eine Pest sein. Es existiert ein Menschenschlag, der auch in tendenziell nüchternen Handelssituationen wie beim Betreten eines Geschäftes nichts sagen kann, ohne dabei eine unglaubliche Menge nutzloser Zusatzinformationen mit einzubauen:

»Guten Tag, ich suche einen Schal, der zu meinem blauen Kleid passt, mein Sohn heiratet nämlich im Juli, also Anfang Juli, am fünften, und jetzt wollten sie dafür eventuell einen kleinen Dampfer mieten, das finde ich ja auch eine ganz nette Idee, aber da kann es ja dann doch mal kühl werden an Deck, und ich wollte jedenfalls das blaue Kleid anziehen, aber das ist schulterfrei, deshalb bräuchte ich dann dazu einen Schal oder so was. Ich hätte auch ein schwarzes Kleid, eigentlich ganz schön, so gerüscht am Kragen, aber vielleicht passt das nicht so zu einer Hochzeit?«

Oder:

»Also, passen Sie mal auf. Ich hab da mal eine Frage. Ich bin mir nicht sicher, ob Sie so etwas machen können, aber ich dachte mir: Ich frag einfach mal, kann ja nicht schaden, aber wie gesagt, ich weiß nicht, ob das überhaupt geht. Also, manche Geschäfte machen das ganz problemlos, aber überall machen sie das nicht, und Sie müssen mir jetzt einfach mal sagen, wie das hier abläuft, das ist meiner Erfahrung nach immer unterschiedlich ... – Was? Worum es geht? Ach so, ich hätte hier eine Reklamation.«

Noch mehr solcher Beispiele? Na gut, dann nicht.

Es gibt auch Berufsgruppen, wie Frisöre und Taxifahrer, in deren unmittelbarer Nähe die Kunden eine Weile untätig herumsitzen, während die Dienstleistung erbracht wird. Dabei kann es naturgemäß schon mal zu Unterhaltungen kommen, die mit der konkreten Situation nicht viel zu tun haben. Larry Albers mag es, wenn seine Fahrgäste gesprächig sind, Natascha Podinski hingegen ist meistens eher froh, wenn die Kunden beim Haareschneiden nicht viel an zusätzlicher Konversation erwarten.

Unabhängig von den persönlichen Präferenzen des Dienstleisters ist es aber generell keine gute Idee, als Gesprächsthema schwerwiegende persönliche Probleme und Schicksalsschläge zu wählen, die man lieber einem Freund erzählt oder einem dafür ausgebildeten Therapeuten. Auch die detailreiche Beschreibung von Krankheitsbildern und Hautproblemen in der Leistengegend sollte man meiden, schließlich weiß man nicht, ob der Taxifahrer vielleicht gerade etwas gegessen hat.

Lachen Sie doch mal, Herr Meierhöfer

Man kann bei einem fremden Menschen sowieso nie wissen, was gerade in ihm vorgeht. Hormonschwankungen, Krankheiten, Sorgen und Trauer gehen schließlich auch an Menschen, die als Flugbegleiter, Verkäufer oder Frisöre arbeiten, nicht magisch vorbei. Kein zufällig vorbeikommender Kunde kann wissen, was die Ursache für ein bedrücktes Gesicht ist, aber trotzdem fühlen sich manche bemüßigt, genau das zu kommentieren.

Als Corinna Weber einmal von ihrem Freund verlassen wurde, kurz nachdem ihr die Katze weggelaufen war, und sie dann auch noch einen Wasserschaden in der Wohnung hatte, dem fast alle ihre Bücher und Fotoalben voller Erinnerungen zum Opfer gefallen waren, sah man es ihr in diesen Tagen einfach an, dass sie ihr Leben auch schon mal besser fand. Immerhin gelang es ihr, bei der Arbeit im Restaurant Fassung zu bewahren. Was leider nicht jeder Gast angemessen zu würdigen wusste.

»Na, jetzt lachen Sie doch mal, Frollein!«, befahl ihr eines

Tages ein Mann an Tisch 5, der selbst in bester Sektlaune war und mit seiner Liebsten auf den Jahrestag ihrer ersten romantischen Begegnung anstieß. Auch die Liebste sah Corinna Weber erwartungsvoll an und blickte dafür sogar für einen Moment von dem mit Herzchen bedruckten Fotoalbum hoch, in dem sie die Bilder ihrer glücklichen Beziehung zusammengetragen hatte. Corinna Weber fletschte die Zähne zu einer Art Lächel-Karikatur, ging in die Küche und heulte.

Als sie sich wieder hinaus und mit einem Vorspeisenteller in der Hand zurück an Tisch 5 wagte, versuchte sie es diesmal präventiv mit einer kurzen Erklärung: »Entschuldigen Sie bitte, es geht mir heute nicht so gut.«

Die Frau an Tisch 5 stellte ihr Sektglas ab, spitzte ein wenig den Mund und unterrichtete Corinna Weber dann darüber, dass es zur Profession einer Kellnerin dazugehöre, persönliche Befindlichkeiten hintanzustellen, während sie ihre Gäste bediene. Sie feierten hier ihren Jahrestag und hätten keine Lust auf bedrückte Mienen.

Corinna Weber nahm sich am nächsten Tag frei.

Dicht an den Rand des Wahnsinns heran treiben Jörg Meierhöfer jene Kunden, die im letzten Management- oder Mitarbeiter-Motivierungs-Training gelernt haben, ihr Gegenüber immer und möglichst oft mit Namen anzureden, und die das nun tatsächlich gnadenlos beflissen umsetzen.

»Kann ich Ihnen helfen?«, fragt Jörg Meierhöfer einen Kunden, der sich gerade intensiv für eine Sofagarnitur interessiert.

»Meierhöfer«, liest der Kunde sofort auf seinem Namensschildchen, und dann geht es los.

»Ja, Herr Meierhöfer, das können Sie. Herr Meierhöfer, ich interessiere mich für diese Sofagarnitur, vielleicht könnten Sie mir wohl noch ein paar Fragen dazu beantworten, Herr Meierhöfer?«

»Gern.«

»Herr Meierhöfer, liefern Sie auch an? Und wenn ja, über welchen Kostenpunkt reden wir da, Herr Meierhöfer?«

»Die Anlieferung kostet 50 Euro.«

»Vielen Dank, Herr Meierhöfer, das hat mir schon mal sehr weitergeholfen. Ich würde dann, Herr Meierhöfer, dieses Sofa gerne käuflich erwerben und es mir, wenn Sie das freundlicherweise so arrangieren würden, Herr Meierhöfer, auch anliefern lassen.«

Herr Meierhöfer, der einfach nicht dagegen ankommt, sich nach so einem Gespräch eher diffus verarscht als motiviert zu fühlen, arrangiert das so.

»Aber das ist doch immerhin besser als die im ersten Kapitel angeprangerte Nicht-Wahrnehmung des Verkäufers!«, werden findige Leser jetzt vielleicht aufmucken.

Mag sein. Aber wenn es an einem Sommertag bei 37 Grad mal zu heiß ist, hilft es einem ja auch nicht weiter, dass es im Winter auch mal zu kalt war.

Apropos Namen. Das überfallartige Buchstabieren von Namen mit Hilfe anderer Namen gehört generell zu den verwirrendsten Erfindungen in der Telekommunikation.

»Sie sind Herr ... «

»Martha, Anton, Ypsilon, Emil, Richard, Thomas.«

»Ähh, bitte noch mal.«

»Martha, Anton, Ypsilon, Emil, Richard, Thomas.«

»Herr Mayert.«

»Mayer heiße ich.«

»Sagten Sie nicht Thomas am Ende?«

»Das ist mein Vorname.«

Ein einfaches »Ich heiße Thomas Mayer. Mayer bitte mit A und Ypsilon«, wäre vielleicht eine bedenkenswerte Alternative.

Angst vor Knoblauch, Porno und Größe 40

Mehr als nur überflüssig ist das Gerede mancher Eltern, wenn sich ihr Kind bei Hertha Murnau auf den zahnärztlichen Behandlungsstuhl setzen soll.

Das Kind kommt neugierig und Zahnärzten gegenüber noch unvoreingenommen herein, als die Mutter loslegt: »Setz dich da mal hin, brauchst auch keine Angst zu haben, das wird auch nicht wehtun, keine Angst!« Dazu macht sie ein sorgenvolles Gesicht.

Das eben noch ganz entspannte Kind hört irgendwas von »Angst« und »wehtun«, sieht den alarmierenden mütterlichen Gesichtsausdruck und weigert sich plötzlich, Platz zu nehmen. Die Mutter, jetzt genervt: »Komm, jetzt setz dich da hin, ich hab doch gesagt, es wird nicht wehtun!« Das Kind aber macht sich steif, hält den Mund fest verschlossen und hat von nun an ein nagelneues Zahnarzt-Trauma. Und das ganz ohne Behandlung.

Viel weniger stört es Hertha Murnau, wenn Patienten, die zu ihr kommen, vorher irgendwann Knoblauch gegessen haben oder Zwiebeln. Schließlich isst sie selber Zwiebeln und Knoblauch. Trotzdem ist es vielen Patienten unangenehm, wenn ihnen bei der Zahnärztin auffällt, dass sie eventuell nach Knoblauch riechen könnten.

So weit, so gut. Was Hertha Murnau nun allerdings tatsächlich nervt, sind die stets mit ausführlichen Begründungen garnierten Entschuldigungen, warum man Knoblauch essen *musste*. Niemals hat jemand einfach mal so Knoblauch gegessen und sagt dann: »'tschuldigung, wenn ich nach Knoblauch rieche.« Nein, immer war es vom Schicksal anders vorgesehen, als es der Patient selber gewollt hatte: »Als ich gestern nach Hause kam, hatte meine Freundin für mich extra so ein leckeres Pesto gemacht, das musste ich dann essen, und deshalb rieche ich heute leider nach Knoblauch!«

Oder, auch gern genommen: »Ich hatte gestern eine Familienfeier beim Griechen, da gab es einfach nichts anderes!«

Ganz ähnlich geht es Benjamin Schiffer in der Videothek. Es ist ihm weitgehend egal, welche Filme sich die Kunden ausleihen, denn schließlich ist jeder einzelne Film, den die Videothek führt, extra dazu da, um von Kunden ausgeliehen zu werden.

Besonders junge Frauen jedoch, die sich leichte, romantische Komödien, sogenannte RomComs, mit Hugh Grant in der Hauptrolle ausleihen, denken andauernd, sie müssten sich bei Benjamin Schiffer dafür entschuldigen und ihre künstlerisch anspruchslose Wahl irgendwie begründen: »Ach, ich hab so viel gearbeitet in dieser Woche, ich brauch jetzt mal was zum Entspannen.«

Männer, die was »zum Entspannen« brauchen, haben sich vorher hingegen eher in der etwas separierten Erwachsenen-Abteilung umgetan, aber auch das nicht ohne einige Umständlichkeiten. Nach dem Eintreten in die Videothek statten sie erst einmal allen möglichen anderen Genre-Abteilungen (»Drama«, »Dokumentarfilme«, »Neuerscheinungen«) einen nervösen Alibi-Besuch ab, um sich dann möglichst unauffällig und wie zufällig zu den Pornos zu verirren. Von dort bringen sie dann, ebenfalls ganz zufällig, noch etwas mit zur Kasse, selbstverständlich nur als kuriose Dreingabe zu den zwei anderen Filmen aus den unverdächtigen Abteilungen. Wer diesem Verfahren die Krone aufsetzen möchte, sagt danach, wenn Benjamin Schiffer die Filme registriert, noch so etwas wie: »Ach, den hab ich jetzt auch mitgenommen? Na egal, was soll's, packen Sie ihn einfach trotzdem mit dazu.«

Im Comic-Laden erkennt Philipp Träger die designierten Pornokunden meistens sehr schnell. Besonders wenn sie einen Aktenkoffer dabeihaben und der Typologie sonstiger Comic-Fans so gar nicht entsprechen.

Tatsächlich führt der Laden auch ein paar Pornocomics,

jedoch liegen die in einer für Kunden unzugänglichen Ecke hinter dem Ladentisch, denn Pornocomics sind wahrlich keine Sachen, die Kindern auf der Suche nach Batman zufällig in die Hände fallen sollten. Man muss schon danach fragen.

Der Kunde mit der Aktentasche guckt also ein wenig unsicher herum und fragt Philipp Träger schließlich nach »französischen Comics«. Philipp Träger ahnt zwar, was der Mann eigentlich will, antwortet aber trotzdem, dass es hunderte französischer Comics im Laden gebe, Frankreich blicke ja auf eine große Comic-Tradition zurück. Der Kunde windet sich. Schließlich fällt ihm der Name eines bekannten Zeichners aus dem erwünschten Genre ein.

»Ach, Sie meinen Pornos!«, ruft Philipp Träger. »Sagen Sie das doch gleich.«

Eine andere Art der Realitätsbeschönigung kennt Sandra Grissemeyer aus ihrem Alltag im Bekleidungshandel. Wenn Kundinnen sich beim Anprobieren von Sachen in der Größe vergreifen, dann tun sie das so gut wie immer in Richtung »zu klein« und nur sehr selten in Richtung »zu groß«.

Mit einer ganz offensichtlich viel zu kleinen Hose gehen sie in die Kabine, kommen kopfschüttelnd wieder damit heraus und fragen Sandra Grissemeyer, ob diese Hosen hier generell sehr klein ausfallen. Dabei handelt es sich allerdings weniger um eine Frage, als um die dringende Aufforderung zur Bestätigung: »Das fällt aber sehr klein aus!« Viele dieser Kundinnen hängen einer Art Verschwörungstheorie an: Nicht sie haben zugenommen, sondern die Textilindustrie macht die Sachen immer enger.

Als Sandra Grissemeyer noch neu war im Business, machte sie sich durch naive, ehrliche Antworten noch unnötig das Leben schwer: »Nein, eigentlich sind diese Hosen ganz normal geschnitten.«

»Das kann ja nicht sein, ich trage sonst immer Größe 38!«

»Nein, nein, Sie sollten ganz sicher 40 tragen.«

»Eine Unverschämtheit!«

Inzwischen weiß sie es besser und gibt fantasievollere Antworten wie: »Oh ja, das sind alles französische Schnitte, nehmen Sie das einfach mal eine oder zwei Nummern größer als sonst.«

Damit sind dann alle glücklich.

14

Glibsch und Glibber

Ekelhaftigkeiten

Was Geiles

Gehen wir zu Beginn dieses leider wirklich widerlichen Kapitels gleich noch mal zurück zu Benjamin Schiffers Pornokunden in die Videothek. Denn auch zu den Kunden, denen das Ausleihen von Pornografie extrem peinlich ist, gibt es wieder eine Art Gegenspieler: den verbalen Exhibitionisten. Es reicht ihm nicht, sich einen oder auch einen Stapel Schmuddelfilme ins Haus zu holen. Er will, dass die Welt daran teilnimmt.

Er kommt rein, geht sofort zu Benjamin Schiffer und fragt sabbernd: »Habt ihr auch was Geiles?« Der Videothekar weist ihm den Weg ins Erwachsenen-Kabuff, wo der Kunde sich was Schönes aussucht. Indessen hat Benjamin Schiffer schon Angst vor der zweiten Runde. Die beginnt, als der Kunde zu ihm zurückkommt und erwartungsgemäß noch ein paar glibschige Kommentare zu seiner Auswahl abgibt, die Benjamin Schiffer gar nicht hören will. Lieber möchte er sich bei der Gelegenheit die Ohren zuhalten und laut »Lalalala« machen wie ein kleines Kind, und manchmal tut er das auch.

Es gibt im Dienstleistungssektor zwar durchaus auch weibliche Berufe, in denen Anzüglichkeiten zum Geschäft elementar dazugehören. Flugbegleiterinnen und Kellnerinnen fallen allerdings nicht in diese Kategorie. Trotzdem arbeiten Stephanie Wöhler und Corinna Weber zusammen mit dem Berufsstand der Krankenschwestern erfahrungsgemäß im unmittelbaren Einzugsbereich der beliebtesten männlichen Bumsfantasien. Damit können sie sich arrangieren, solange diese Fantasien nicht verbalisiert oder sonst wie zum Ausdruck gebracht werden.

Leider ist das aber manchmal nicht zu verhindern, denn wären die Menschen von Dezenz und Anstand geprägt, gäbe es ja zum Beispiel auch keine Fernsehsendungen, in denen verstörte Personen ihre Frauen tauschen und ihre Kinder, währenddessen man zu sehen bekommt, wie es bei denen in Küche und Bad aussieht. Wenn man das also in Betracht zieht, ist es nur logisch, dass es auch Kunden gibt, die Kellnerinnen und Flugbegleiterinnen, aber auch Verkäuferinnen mit manchmal ganz und gar uncharmanten Anzüglichkeiten belästigen. Natürlich machen sie sich damit so beliebt wie ein Lippenherpes. Aber der Lippenherpes merkt ja auch nicht, dass er nervt.

Verstockte Socken

Dass Hertha Murnau sich an Mundgerüchen nicht besonders stört, haben wir schon erfahren, da ist sie ganz professionell.

(Dass sich ihre Patienten vor dem Zahnarztbesuch die Zähne putzen, selbst wenn sie das sonst eher selten tun, erwartet sie aber schon.)

Allerdings gibt es auch eine Geruchsbelästigung, die Hertha Murnau nur schwer ertragen kann, und diese Abneigung teilt sie mit Natascha Podinski und Larry Albers und wahrscheinlich mit allen, die über einen etwas längeren Zeitraum und relativ dicht mit fremden Menschen zusammensitzen müssen.

Dieser Geruch kommt nicht aus dem Mund, er kommt noch nicht einmal vom Körper. Er kommt aus verstockt riechenden Klamotten, die gewohnheitsmäßig oder aus irgendeiner kruden Ideologie heraus bis kurz vor der einsetzenden Schimmelbildung nass in der Waschmaschine gelegen haben. Der Geruch stockiger Textilien macht Hertha Murnau wirklich fertig, davon kann ihr so richtig übel werden. Und wer denkt, eine spätere Vermischung des Stockgeruches mit Schweiß würde die Sache vielleicht etwas abmildern, hat sich leider getäuscht.

Der Vegetarier Larry Albers würde sich zwar nie darüber beschweren, andererseits aber auch gerne darauf verzichten, dass Fahrgäste im Taxi einen Döner auspacken oder einen Burger. Am besten noch im Winter, wenn alle Fenster zu sind. Diese Abneigung wird im Übrigen auch von nichtvegetarischen Taxifahrern problemlos geteilt.

All das verdichtet sich zur olfaktorischen Maximalkatastrophe, wenn ein stark schwitzender, betrunkener Taxigast in stockigen Klamotten im Winter während der Fahrt einen Döner auspackt, verspeist und anschließend ein herzhaftes Bäuerchen macht.

Ungepflegte Füße in offenen Sandalen sind ja schon in der U-Bahn kein begehrter Anblick. Klaus Zehner aber ist Schuhverkäufer, und was andere in der U-Bahn nicht so gerne ansehen, muss er immer mal wieder anfassen. Natürlich gibt es kleine Hilfsmittel wie die hautfarbenen Probiersöckchen aus Nylon, aber auch darin sind wuchernde Nägel, Schmutz zwischen den Zehen und eine gedeihliche, seit Jahren unbehandelte Fußpilzzucht keine Zier. Socken bringen vor allem dann keine Verbesserung, wenn die Füße eines Kunden schon seit mehreren Tagen in ein und demselben Paar drinstecken.

Man merke sich deshalb: Vor dem Zahnarztbesuch Zähne putzen, vor dem Schuhkauf bei Bedarf Füße waschen, Zehennägel schneiden und frische Socken anziehen und vor dem Hosenkauf Unterwäsche anlegen das gilt auch für passionierte Unten-ohne-Gänger.

Vollgerotzter Hundemulch

Unser alter Bekannter, der Waren-Deplatzier-Kunde, der ein Päckchen Butter, das er nun doch nicht kaufen möchte, einfach zwischen den Schnapsflaschen deponiert, hat noch einen schmuddeligen kleinen Bruder. Also einen, der noch schmuddeliger ist als er selber. Anstatt verirrter Artikel stopft dieser seinen Müll in die Regale. Verklebtes Schokoladen-papier, benutzte Taschentücher und nicht minder benutzte Kaugummis zum Beispiel. Und auch wenn die Bezeichnung »kleiner Bruder« etwas anderes suggeriert, lässt die Höhe der Müllablage eindeutige Rückschlüsse darauf zu, dass die meisten Täter keine Kinder sein können.

Das eigenhändige Wegräumen vollgerotzter Taschentücher vom Restauranttisch gehört übrigens auch nicht zu Corinna Webers favorisierten Aufgabengebieten. Und wenn Larry Albers mal wieder im Rückspiegel beobachten kann, wie der Fahrgast hinter ihm seelenruhig vor sich hin popelt, dann fragt er sich natürlich auch, wo die Ausbeute dieser Expedition wohl landen wird. Würde ein Hersteller auf die Idee kommen, Popelverbotsschilder für Taxis zu produzieren, Larry Albers würde nicht nur gerne eines haben, sondern sich umgehend auch ein paar Aktien dieses fraglos aufstrebenden Unternehmens sichern.

Eleonore Richter hat es sich inzwischen einfach abgewöhnt, Blicke in die Kleingeldfächer der Portemonnaies von Kunden zu werfen, wenn diese die 23 Cent für den Zahlbetrag von 15 Euro 23 zusammensuchen. Flusen, Krümel und alte Bonbons hebt man offenbar gerne zusammen mit den Münzen dort auf. Noch schlimmer ist es, wenn junge Männer das Geld lose aus der Hosentasche kramen und dabei ausgelutschte Kaugummis, an denen Haare kleben, modrige Bierverschlüsse und allerlei Mulch mit zu Tage befördern.

Als Kassiererin muss man es sich strikt abgewöhnen, die

eigenen Hände zwischendurch auch nur in die Nähe des Gesichts kommen zu lassen. Nicht bevor man sie zu Hause gründlich desinfiziert hat.

Besonders leicht haben es auch Hundebesitzer, bei anderen Menschen beträchtlichen Ekel aufkommen zu lassen, und Restaurants sind ein idealer Schauplatz dafür. Corinna Weber hat aus diesem Genre schon einige Darbietungen gesehen. Leute, die ihren Hund vom Teller füttern, Hunde, die mit imposanten Flatulenzen unterm Tisch liegen, und einmal auch eine schwangere Frau, die auf den etwas zu intensiven Geruch eines regennassen Hundes am Nebentisch mit spontanem Erbrechen der eben verspeisten Antipasti reagierte.

In Supermärkte dürfen Hunde ja nicht hinein, aber auf Wochenmärkten müssen Händler schon sehr Acht geben, dass noch auf dem Boden stehende Obstkisten nicht von Hundenasen beschnüffelt werden, die kurz zuvor noch die Hinterteile anderer Hunde oder deren Pipi an den Laternen beschnüffelt haben.

Es ist allerdings auch nicht unbedingt notwendig, ein Hund zu sein, um seine Nase überall hineinzustecken. Es gibt Leute, die mit größter Selbstverständlichkeit einen Apfel nach dem anderen in die Hand nehmen, ihn sich dicht an die Nasenschleimhäute drücken und dann wieder zurücklegen. Leider haben sie sogar Zugang zu Supermärkten.

15

»Sie hören noch von mir!«

Drohungen und leere Versprechen

Erziehungsfehler

Die Beziehung zwischen Kunde und Dienstleister oder Verkäufer ist eher eine pragmatische als eine romantische. Beide wollen etwas klar Definiertes voneinander, der eine will Waren und Dienste, der andere will dafür Geld. Das Geld braucht der Dienstleister, um es später seinerseits irgendwo gegen Waren und Dienste einzutauschen.

In dieser Beziehung hat der Kunde unter normalen Konkurrenzbedingungen zunächst ein erhöhtes Machtpotenzial. Er entscheidet, wo er sein Geld lässt und wo nicht, und das betont er auch immer wieder gerne. In Einzelfällen mag es für solche Machtdemonstrationen einen angemessenen Anlass geben, im Großen und Ganzen aber ist dieses Gefüge einer gesunden Charakterentwicklung des Kunden nicht zuträglich.

Es ist ein simpler pädagogischer Effekt, der das Fehlverhalten von Kunden befördert: Aus Erfahrung weiß er, dass er am Ende seinen Willen bekommt, wenn er nur laut genug schreit. Also tut er das auch.

Es gibt im Wesentlichen fünf verschiedene Drohkulissen, die Kunden zum Rabatz machen zur Verfügung stehen und die je nach Bedarf aufgefahren werden können:

Die Drohung, in Zukunft anderswo zu kaufen

Die Drohung, andere dazu zu bewegen, ebenfalls anderswo zu kaufen

Die Drohung, sich beim Chef zu beschweren

Die Drohung mit rechtlichen Schritten

Die Drohung mit roher Gewalt

Hier werde ich in Zukunft nicht mehr kaufen!

Die Maßnahme, sich selbst als Kundschaft zu verweigern, ist die unmittelbarste Ausspielung der Macht des Kunden und damit das Naheliegendste, was er tun kann, um einem Geschäft zu schaden.

Je größer ein Geschäft ist, umso verschwindender wird jedoch das individuelle Machtpotenzial des einzelnen Kunden. Aber nicht nur das. Dem Besitzer des Gemüseladens an der Ecke kann jeder Kunde direkt ins Gesicht sagen, was ihm dort nicht passt, und ihm ebenso direkt mit entsprechenden Sanktionen drohen. Der Betreiber einer Super- oder Baumarktkette ist aber viel anonymer und unerreichbarer. Sanktionierungs-Androhungen gegen einen Baumarkt donnern auf ein paar mittelmäßig bezahlte Angestellte hernieder, für die sich die Sache folgendermaßen darstellt: Da ist ein Kunde, der Ärger macht. Er ist unzufrie-

165

den, er nervt und jetzt »droht« er damit, nicht wiederzukommen – Hurra!

So tut der Kunde den Angestellten mit seinem Abgang unter großem Getöse aus Versehen einen Gefallen: Wenn er wegbleibt, sind sie glücklich. Wenn er entgegen seiner Versprechungen wiederkommt, ist es eine peinliche Niederlage für den Querulanten, und sie sind auch glücklich. Diesen Bumerangeffekt hatte der Kunde im Eifer des Gefechtes nicht ausreichend bedacht.

Paradoxerweise wird die Drohung »Hier werde ich in Zukunft nicht mehr kaufen!« in großen Geschäften trotzdem sehr viel häufiger geäußert als in kleinen, wo man dem Besitzer dabei ins Auge blicken muss.

Ich gebe Ihnen eine schlechte Bewertung!

Das Instrument des kleinen individuellen Liebesentzugs eines einzelnen Kunden lässt sich effektiv dadurch verstärken, indem man als Kunde damit droht, andere Kunden mit der eigenen Unzufriedenheit anzustecken. In alten Zeiten wurde in so einem Fall die Drohung »Ich werde hier nicht mehr kaufen!« um den Zusatz »Und außerdem werde ich es überall herumerzählen und allen sagen, dass sie auch nicht mehr hier kaufen sollen!« erweitert.

Durch moderne Kommunikationstechnik lässt sich dieses Machtinstrument nun erheblich ausweiten. Früher konnte der erboste Kunde seinen drei Freunden bei Gelegenheit mal erzählen, was ihn am Laden XY stört und dass der deshalb boykottiert gehört. Allzu ernst wurde das dann aber von keinem genommen, und außerdem gibt es interessantere Gesprächsthemen.

Heute hingegen hat der unzufriedene Kunde die famose Möglichkeit, auf Kundenportalen im Internet nach Herzenslust zu meckern, bei Bedarf auch anonym. Er ist nicht mehr darauf angewiesen, dass gelangweilte Freunde oder die Familie ihm dabei zuhören müssen. Er schreibt jetzt für eine dankbare und interessierte Leserschaft, die sich gezielt zu seinem Beitrag durchgeklickt hat. Der altertümliche Papiertiger »Ich werde es überall herumerzählen!« konnte endlich durch die Schnellfeuerwaffe »Ich werde Ihnen eine schlechte Bewertung schreiben!« ersetzt werden.

Nun entspricht die Anzahl der schlechten Bewertungen auf Kundenportalen im Internet nicht annähernd der Häufigkeit, in der genau diese Androhung geäußert wird. Vielleicht liegt das daran, dass sich beim noch erhitzten Formulieren der Beschwerde (»Ich wollte einen billigen Toaster umtauschen und nur weil ich keinen Kassenbon mehr dafür hatte und schon ein paar Krümel drinlagen, wollten die das nicht mehr zurücknehmen!«) oftmals eine ungeahnte Distanz zum eigenen Ärger einstellt. Der Prozess des Schreibens kann das so mit sich bringen. Der Kunde fragt sich plötzlich, ob er sich mit seiner Beschwerde nicht eventuell einfach nur selbst blamieren könnte. So ist auch das Instrument der schlechten Bewertung im Internet nicht ohne Tücken. Unversehens wird es zu einem Instrument der selbstkritischen Reflexion.

Noch ein paar Eskalationsstufen höher in der »Ich sag es allen«-Abteilung hängt dann die Drohung: »Damit gehe ich an die Presse!« Gerne ergänzt durch Zusätze wie: »Mein Schwager arbeitet bei der Zeitung!«

Allerdings ist diese Ansage in ihrer tatsächlichen Umsetzung dann auch erheblich komplizierter als das Schreiben von Bewertungen. Zunächst einmal muss der Schwager bei der Zeitung wirklich existieren. Außerdem muss er bei der Zeitung, für die er arbeitet, auch noch für Inhalte verantwortlich sein und nicht für Anzeigen, Datenverarbeitung oder Buchhaltung.

Aber selbst in den wenigen Fällen, in denen diese Voraussetzungen erfüllt sind, kann es gut passieren, dass der Schwager bei der Zeitung die Aufforderung: »Du, die haben mich in dem Supermarkt da nicht mehr reingelassen, obwohl es erst ganz kurz nach Ladenschluss war und ich noch sehr dringend Fischstäbchen brauchte! Da musst du mal was drüber schreiben, über diese Zustände!«, dass er diese Aufforderung also nicht so umsetzt wie erhofft. Da muss sich der mit der Presse drohende Kunde auf eine Enttäuschung gefasst machen und der Schwager bei der Zeitung auf einen extrem zähen Familienzwist.

Ich werde mich über Sie beschweren!

Manch intelligenter Kunde ist sich durchaus im Klaren darüber, dass Angestellte riesiger Konzerne mit der Drohung

»Hier werde ich nicht mehr kaufen« nicht wirksam zu beeindrucken sind. Die persönliche Existenzgrundlage dieser Leute ist zunächst einmal ihre Anstellung. Wenn man ihnen Angst machen will, muss man also daran rütteln. Das wiederum tut man, indem man sich auf vorgesetzter Ebene über sie beschwert, oder das zumindest so ankündigt.

Zum Glück für die meisten Angestellten haben viele ihrer Vorgesetzten selber einmal im unmittelbaren Kontaktbereich mit Kunden gearbeitet, so dass sie in der Lage sind, unsinnige Beschwerden leicht zu erkennen.

Manchmal ist das aber auch nicht so. Vielleicht trifft die Klage sogar auf einen richtig miesen Arschloch-Chef, der den betreffenden Mitarbeiter noch nie leiden konnte. Dann stehen die Chancen für den beschwerdefreudigen Kunden gar nicht so schlecht, dass am Ende tatsächlich jemand seinen Job verliert. Allerdings muss man sich dann darauf einrichten, gemeinsam mit dem Arschloch-Chef dereinst in der Hölle zu schmoren.

Eine besonders perfide Abart des Petz-Kunden ist die Gattung des professionellen Petz-Kunden, nämlich des sogenannten Testkäufers oder Mystery Shoppers. Der Mystery Shopper trägt eine schillernde Bezeichnung für einen ganz und gar profanen Job. Im Auftrag irgendeiner Agentur geht er in die Filialen bestimmter Großkonzerne zum Einkaufen und bewertet anschließend den Service. Dafür bekommt er ein kleines Taschengeld.

Das Problem ist, dass jeder ein Mystery Shopper werden

kann. Jeder pedantische Neurotiker und jede verbitterte Meckerschnepfe erhält endlich die ersehnte Möglichkeit, zu triumphieren, sich zu rächen und radikal subjektiv auszuteilen. Für manche mag Mystery Shopping ein kleiner Nebenjob sein, um das Haushaltsbudget aufzubessern. Für andere aber geht damit ein lang gehegter, bösartiger Traum in Erfüllung.

Nicht selten ist die Hauptursache von Beschwerden nämlich gar nicht so sehr das tatsächliche Verhalten des Angestellten, sondern vielmehr das notorische Querulantentum des Beschwerdeführers.

Benjamin Schiffer wurde monatelang von einem Kunden heimgesucht, der sich einmal furchtbar darüber aufgeregt hatte, dass in der Ecke hinter der Ladentheke des Videothekars auf einem ziemlich kleinen Bildschirm ab und zu leise bis tonlos Filme abliefen.

Für Benjamin Schiffer war das hauptsächlich eine Fortbildungsmaßnahme, um eventuell ein paar der »Wie issn der?«-Fragen besser beantworten zu können. Dem Kunden passte das aber nicht, und zwar deshalb, weil er auf diesem Bildschirm ja eventuell das Ende eines Films mit ansehen könnte, den er noch nicht kennt und in Zukunft noch sehen möchte. Damit das überhaupt so kommen könnte, müssten freilich einige ungünstige Umstände aufeinandertreffen: Zunächst einmal müsste Benjamin Schiffer tatsächlich einen Film sehen, den der Kunde sowohl noch nicht kennt als auch in naher Zukunft sehen wird. Außerdem müssten wichtige Schlüsselszenen des Films genau dann zu sehen sein, wenn der Kunde, und das ist ein entscheidender Punkt, wenn der Kunde also direkt dort hinsieht. Dort, auf den kleinen, für den Videothekar ausgerichteten Bildschirm hinten in der Ecke, hinter dem Tresen.

Nun, der Kunde fand diese Gefahr durchaus gegeben und beschwerte sich beim Betreiber der Videothek. Der erließ daraufhin die Order, dass Filme auf dem videothekseigenen Bildschirm nicht mehr durchlaufen dürfen. Er dürfe nur noch dafür benutzt werden, um im Falle vertauschter Hüllen Filme zu identifizieren oder um Filme auf fehlerfreie Abspielbarkeit zu prüfen. So weit, so blöd.

Das Schlimmste an der Sache blieb aber der scheußliche Kunde selber, der weiterhin den Laden frequentierte. Immer wenn er kam, warf er zunächst einen demonstrativen Blick auf den Bildschirm, um zu überprüfen, ob auch alles seine Ordnung hatte, bis er irgendwann schließlich nicht mehr kam. Vielleicht hatte er versehentlich einen Film gesehen, dessen Ende er schon kannte, und war daraufhin implodiert oder so was.

Sie hören noch von mir!

Kaufboykotte und Beschwerden beim Chef hin oder her: Der Trend in der Beschwerdeführung geht in den letzten Jahren eindeutig weg von der selbstgemachten Amateurbeschwerde hin zum professionellen Protest über einen Anwalt. Ankündigungen wie: »Sie hören noch von mir!« oder »Das wird Konsequenzen haben!« sind quasi gleichbedeutend mit: »Wir sehen uns vor Gericht!«

Der Kunde, der früher zu Lars Ruprecht kam und sagte: »Diese Bohrmaschine ist defekt, ich möchte sie bitte umtauschen«, kommt heute gleich mit der Durchsage: »Diese Bohrmaschine ist defekt, wenn Sie die nicht zurücknehmen, schalte ich meinen Anwalt ein!« Anstatt mit dem Anwalt könnte er aber ebenso gut mit einer Invasion des Baumarktes durch unsichtbare Außerirdische drohen. Ist die Bohrmaschine nämlich wirklich defekt, kann er sie umstandslos umtauschen. Ist sie aber nicht defekt (oder wurde erst nach dem Kauf defekt gemacht), dann kann auch ein Anwalt nicht viel für ihn reißen.

Die Vorstellung, dass Anwälte vergleichbar sind mit Zauberern oder Märchenfeen, scheint dabei weit verbreitet zu sein. Den Wenigsten ist klar, dass Anwälte auch nur geltendes Recht durchsetzen können. Hinzukommt, dass die meisten, die mit der beliebten Drohung »dann schalte ich meinen Anwalt ein« herumhantieren, so etwas wie einen eigenen Anwalt gar nicht haben. Sonst wüssten sie vielleicht mehr über diese Zusammenhänge.

Am vertrautesten dürfte die Drohung mit dem Anwalt jedoch nicht den Mitarbeitern von Baumärkten, sondern Angestellten in der Reisebranche sein. Viele Kunden buchen ihre Reisepakete inzwischen von vornherein mit der Idee, sich hinterher einen Teil der Urlaubsausgaben wieder zurückzuklagen. Irgendwo hat schließlich jeder schon mal einen Artikel mit dem Titel »Ihr gutes Recht im Urlaub« gelesen und weiß nun, dass nachträgliche Preisminderungen fast immer irgendwie drin sind, wenn es einem nur gelingt, die entsprechenden Mängel am Urlaubsort geschickt aufzuspüren.

Ähnlich wie beim Kauf einer Bluse mit Faden wollen findige Kunden deshalb lieber eine Reise mit trefflich beklagbaren Mängeln buchen, für die sie hinterher etwas zurückfordern können, als etwa einen perfekten Urlaub genießen zu müssen.

Auf die Fresse

Wer ahnt, dass er weder durch Boykottaufrufe im Internet noch durch Beschwerden oder gerichtliches Vorgehen etwas daran ändern kann, dass er nach Ladenschluss nicht mehr in den Supermarkt gelassen wird, dem bleibt immer noch die gute alte Möglichkeit, sich selbst und höchstpersönlich als Drohkulisse ins Spiel zu bringen. Der Nachteil dabei bleibt derselbe, der er schon auf dem Schulhof war: Der andere kann zurückhauen. Oder aber seinerseits gerichtliche Schritte einleiten, in diesem Fall allerdings mit echten und unangenehmen Folgen.

Aus diesen Gründen ist die Drohung mit körperlicher Gewalt selten geworden und wurde durch die Androhung rechtlicher Schritte weitgehend ersetzt.

Nur ein paar bedauernswerte Berufsgruppen, vornehmlich außerhalb der kommerziellen Waren- und Dienstleisterwelt, müssen auch weiterhin mit Gewaltandrohungen leben. Bezeichnenderweise handelt es sich dabei meistens um solche Menschen, denen man mit Anwälten schlecht drohen kann, weil sie selber bereits das Gesetz vertreten. Mitarbeiter im Verkehrsaußendienst, vulgo Politessen und Verkehrsaufseher, Fahrkartenkontrolleure und Finanzbeamte, um nur einige zu nennen, können von normaler Unhöflichkeit nur träumen. »Man sieht sich immer zweimal!« ist für diese Menschen noch ein freundlicher Gruß.

Und wären ihre Erfahrungen zum Thema »Tricks und Ausreden« hier mit eingeflossen, dann wäre aus dem entsprechenden Kapitel ein eigenes Buch geworden.

16

»Wissen Sie eigentlich, wer ich bin?«

Wichtige Menschen

Arschloch-Pädagogik

Als Dirk Wiesenberg hinter seiner Kasse im Outdoor Geschäft eines Tages aus Versehen einen Artikel doppelt einscannt (und das selber sofort bemerkt und korrigiert), runzelt der tiptop gekleidete Kunde mit der sehr teuren Uhr die Stirn und sagt: »Kein Wunder, dass so nichts aus einem wird.«

Dirk Wiesenbergs Mund bleibt ihm eine ganze Weile offen stehen, was eine Kollegin bemerkt. Als er ihr erzählt, was ihm gerade widerfahren ist, sagt sie: »Den kenne ich, der kauft oft hier ein. Ist der Chef von irgendeiner großen Bank.«

Es gibt einen Schlag Menschen, die sind an irgendeinem Punkt in ihrem Leben völlig außer Rand und Band geraten. Dirk Wiesenberg kann noch von Glück sagen, dass ihm nur ab und zu mal einer von dieser Sorte unterkommt. Es gibt nämlich Leidensgenossen, die tagein, tagaus mit derartigen Mengen an entfesselter Arroganz, haltloser Hysterie und unkontrolliertem Narzissmus überschüttet werden, dass man denken könnte, der globale Gesamtvorrat dieser Eigenschaften müsse damit eigentlich erschöpft sein.

Marcus Reimer zum Beispiel arbeitet in einem Hotel jener Preisklasse, in dem manche Gäste ihrer persönlichen Ankunft Listen mit Zimmer-Dekorationswünschen und Verhaltensregeln für das Personal vorausschicken. Was so schlimm nicht sein müsste, hätte sich derlei nicht allzu oft als funktionierender Indikator für erhöhten Arschloch-Alarm erwiesen. Und dabei handelt es sich diesmal nicht um traurige Deppen, die ihr eigenes Haus kurz und klein basteln oder die sich ihre Hausnummer nicht merken können. Marcus Reimer hat es vielmehr mit traurigen Deppen zu tun, die ihre belanglosen Befindlichkeiten zum Mittelpunkt der Welt erklären, oder die alles in ihrer Umgebung als ihnen untertan betrachten. Natürlich kann es sich dabei auch um eine Deppin handeln, das ist ganz egal, Hauptsache, ihm oder ihr fallen ganz viele ausgefallene Extrawünsche ein. Shoppen außerhalb der Öffnungszeiten, nachts ins Museum gehen, frischer Spargel im Dezember oder dass der Pianist in der Lobby ausschließlich Variationen von *Bésame Mucho* spielen darf.

Man tut, was man kann, aber wenn Marcus Reimer mal die schreckliche Nachricht überbringen muss, dass der nächtliche Besuch im Museum leider nicht zu machen sei, der Museumsdirektor war nicht zu erreichen, schlafe vielleicht schon, jetzt um halb zwei in der Nacht, dann droht schon mal eingeschnapptes Abreisen oder ein cholerischer Anfall.

Für Marcus Reimer gehört es deshalb zu seinen zentralen beruflichen Fähigkeiten, Menschen mit kleinen Tricks zu be-

sänftigen oder aber auf Durchzug zu schalten und sich irgend-
wohin zu beamen, während ein Gast wütet und tobt und ihn
der Unfähigkeit bezichtigt.

Die Ausbildung zum Hotelfachmann hilft ihm dabei weniger als der Schnellkurs in Kleinkindpädagogik, den er schlau-
erweise in seiner freien Zeit mal absolviert hat.

Der Teufel fliegt Business-Class

Stephanie Wöhler hat in der Luft eine etwas anders gelagerte,
aber auch ganz interessante Erfahrung mit der Wichtigkeit
von Menschen gemacht: In einem Drei-Klassen-Flugzeug mit
First-, Business- und Economy-Class findet sich in der Economy-Class zunächst einmal das übliche und erwartbare Men-
schengemenge wieder, wie man es auch im Supermarkt an-
trifft. Je nach Flugziel mit ein paar Eigenheiten (betrunkene
russische Marinesoldaten sind anstrengender als Bildungs-
reisende auf dem Weg in die Toskana, aber auch nicht immer), aber sonst sind sie normal unhöflich, normal laut, normal angezogen, normal riechend. In der ersten Klasse geht es
im Vergleich dazu ruhiger und beschaulicher zu. Es wird viel
geschlafen, gedämpft gesprochen und häufig konzentriert gearbeitet.

Natürlich sitzen dort auch weniger Menschen weniger gedrängt zusammen. Aber das kann nicht die zentrale Ursache
sein. Denn auch in der Business-Class gibt es mehr Platz für
weniger Passagiere als in der Ecomomy-Class, jedoch nützt

das dort gar nichts. Die Business-Class ist ein Ort, den die Flugbegleiter so selten und so kurz wie möglich betreten möchten. In der Business-Class sitzen lauter Leute, die der Economy-Class entkommen sind, und das jetzt nach außen hin zeigen und nach innen hin spüren wollen. Am liebsten hätten sie natürlich denselben Komfort und Service wie in der ersten Klasse, aber da sind sie nun mal auch nicht. Deshalb wiederum sind sie unzufrieden und bemäkeln alles.

Nirgendwo sonst als in der Business-Class schwenken und beschnuppern Menschen in einem Flugzeug den Wein, als seien sie in einem Gourmet-Restaurant. Nirgendwo sonst ist die Lifting- und Haarimplantationsdichte höher. Die Parfüm-wolke ist so dick, dass sie an der Decke kondensiert, und überall stolpert man über Statussymbole. Es fallen Sätze wie »Ich hoffe, mein *Porsche* wird nicht abgeschleppt, während ich weg bin.« Und auch die, die immer nach »Gustav« fragen, haben ihren Sitz meistens in der Business-Class.

Es ist die Hölle der Lüfte.

Max Honzinger kennt solche Leute natürlich auch. Es sind diejenigen, die immer reingelassen werden wollen, wenn es irgendwo nach VIP riecht. Exklusive Veranstaltungen und ab-getrennte VIP-Bereiche müssen von Leuten, die sich selbst für VIPs halten, geradezu zwanghaft betreten werden. Mit allerlei mehr oder weniger dezenten Hinweisen darauf, wer man ist und wen man so kennt, wird Einlass ersucht, und wenn das nicht klappt, versucht man es entweder mit Bestechung oder Drohungen oder einer Kombination aus beidem.

Besonders unterhaltsam wird es, wenn B- und C-Prominente alle Peinlichkeitsgrenzen routiniert überschreiten und damit anfangen, ungefragt Autogrammkarten zu verteilen. Vielleicht, um der ständigen Bedrohung des Nicht-Erkannt-Werdens vorzubeugen, vielleicht aber auch nur, weil die Dinger einfach mal wegmüssen aus den ganzen Kartons im Wohnzimmer.

So etwas passiert aber nicht nur in Clubs und Bars, das kann sogar im Flugzeug vorkommen. Als ein junger Mann auf einem Inlandflug aus heiterem Himmel damit anfing, postkartengroße Bilder mit seinem Konterfei zu unterschreiben und an Stephanie Wöhler und ihre Kolleginnen zu verteilen, vermuteten sie zunächst, es mit einem geistig verwirrten Passagier zu tun zu haben. Sie stellten sich vorsichtshalber schon mal auf alle Eventualitäten ein, denn man kann nie wissen, ob so jemand vielleicht noch ausflippt oder sonst wie zu einer Gefahr werden könnte. Freundlich dankend nahmen sie seine Karten entgegen. Zum Glück hatte der Mann einen Begleiter bei sich, der sich um ihn zu kümmern schien.

Eine Kollegin von Stephanie Wöhler steckte das kuriose Bildchen jedenfalls in ihre Handtasche, wo es Tage später von ihrer zwölfjährigen Tochter gefunden und als Autogrammkarte eines ehemaligen Superstar-Finalisten identifiziert wurde. Leider verschwand das Corpus delicti kurze Zeit später irgendwo im Papiermüll.

Wer nicht mal berühmt genug ist, um beim perfekten Promi-Dinner mitzukochen, oder gar keine Autogrammkarten besitzt, kann aber immer noch damit angeben, wen er kennt oder mal von weitem gesehen hat.

Als Kellnerin genießt Corinna Weber das Privileg, ganz besonders viele Angebergespräche mithören zu dürfen. Vielleicht ist es aber einfach auch nur besonders schwierig, gerade diese Sorte Gespräche nicht mit anzuhören, da Angebergespräche natürlich auch immer ganz besonders laut geführt werden müssen. Schließlich soll es jeder im Raum mitbekommen, dass einer der beiden Typen an Tisch 7 gerade ein neues *Projekt* hat, große Sache, irgendwas mit *New York*, während der andere letztens bei der Party von Wolfgang Joop war und sich außerdem noch wortreich dafür entschuldigt, dass er das Handy eingeschaltet auf dem Tisch liegen lassen muss, weil die Heidi noch anrufen wollte.

»Welche Heidi?«, fragt der Erste.

»Was? Ach, Heidi Klum.«

Klarer Punktsieg für die zweite Knalltüte. Bleibt dem Ersten nur noch ein unbeeindrucktes »Ach so. Puh, und wo hab ich denn jetzt schon wieder meinen *Porscheschlüssel* hingetan?«

Wichtige Drehs

Verblüffend klar und mit großem Abstand vor allen anderen hat sich in Hertha Murnaus Praxis eine spezifische Berufsgruppe den Titel der »anstrengendsten Patienten« sichern können: Werberegisseure lassen nicht eine Minute lang einen Zweifel daran aufkommen, dass sie sehr viel und sehr Bedeutendes zu tun haben.

Es kann ihnen keinesfalls zugemutet werden, im Wartezimmer zu warten, dafür haben sie es zu eilig, und zwar immer. Zeitlebens. Andererseits kann man es von ihnen auch nicht erwarten, dass sie Termine einhalten. Da muss die Zahnärztin schon mal flexibel sein! Die Folge davon ist, dass Werberegisseure ständig ohne Termin und außerhalb der Reihe, oft genug auch außerhalb der Sprechzeiten, angetanzt kommen und dann selbstverständlich spontan, schnell und effizient (aber natürlich trotzdem bestens) behandelt werden wollen. Schließlich geht es ja gleich wieder weiter zu einem *wichtigen Dreh*.

Ginge es nach Hertha Murnaus persönlicher Meinung, hat jeder arbeitslose Familienvater Wichtigeres zu tun als ein Werberegisseur. Der Unterschied ist nur, dass der arbeitslose Familienvater weniger daran gewöhnt ist, dass alles auf sein Kommando hört.

Natürlich will Hertha Murnau auch nicht ungerecht sein mit diesen Menschen. In anderen Arztpraxen mögen es vielleicht die Gärtner sein, die immer Probleme machen oder die Autoren. Aber bei ihr sind es nun einmal die Werberegisseure, sie hat sich das nicht ausgesucht.

Dazu passt auch Corinna Webers Beobachtung, dass es bei Gästen, die an ihre Bestellung den Zusatz »Aber bitte schnell, ich habe es sehr eilig« dranhängen, sehr wahrscheinlich um Menschen handelt, die etwas in den Medien machen. Es ist voll, es ist Mittagszeit, und alle haben es eilig. Aber wer etwas in den Medien macht, generiert daraus definitiv eine erhöhte Eiligkeitsberechtigung, die nur ärgerlicherweise nicht von jedem anerkannt wird. Corinna Weber zerstört nicht nur Beziehungen, sie vernichtet auch Karrieren.

Im Bereich der medizinischen Versorgung lässt sich persönliche Bedeutsamkeit übrigens ganz leicht und völlig berufsunabhängig aus dem versicherungstechnischen Status des Privatpatienten generieren, wenn man das denn will. Davon zeugen die vielen bemerkenswerten Anfragen nach den »Öffnungszeiten für Privatpatienten« oder gar einem »Wartezimmer für Privatpatienten« in den Vorzimmern von Arztpraxen. Dass beides nicht existiert, wird nicht immer anstandslos hingenommen. Begleitet von Schnappatmung beschwert sich der enttäuschte Privatversicherte, dem es keinesfalls zuzumuten ist, gemeinsam mit dem AOK-Pöbel in einem Raum zu sitzen, bei der Sprechstundenhilfe darüber, wie schwierig es heutzutage geworden sei, ein wenig Exklusivität zu wahren. Wozu habe man denn schließlich diese Privatversicherung?

Sogar in der Notaufnahme eines Krankenhauses schreit mancher Neuankömmling erst einmal: »Ich bin privat versichert!« Wohl um damit sicherzustellen, dass nicht zufällige und wahllose Kriterien wie die Schwere des Notfalls oder der Zeitpunkt des Eintreffens den Ausschlag über die Reihenfolge bei der Behandlung geben, sondern nachvollziehbare und verlässliche Attribute wie der Versicherungsstatus. Im Normalfall verbessern sich die Chancen dadurch jedoch nicht wesentlich, und die Wartezeit wird für den potenziellen Vordrängler danach auch nicht angenehmer. Was mal wieder lückenlos beweist, wie sehr die Welt aus den Fugen geraten ist.

17

»Vielen Dank!«

Kunde sein
und trotzdem nicht nerven

Erstes und zweites Level

Es gibt vielleicht Leser, die hätten an Stelle von einem Klumpen Polemik lieber mal ein paar Tipps, wie man denn ein besonders netter Kunde sein, das beschädigte Image der Heimwerker, Werberegisseure und Business-Class-Flieger wieder reparieren oder die Kellnerin in sich verliebt machen kann. Wahlweise natürlich auch den Barkeeper oder den Verkäufer.

Wer auf den vorangegangenen Seiten aufgepasst hat, wird wissen, dass das überhaupt nicht schwer ist. Das meiste hat man ja schon richtig gemacht, wenn man bestimmte Dinge einfach nicht tut. Nicht unhöflich ist, nicht geizig, nicht misstrauisch, nicht aufdringlich und nicht gedankenlos. Das ist natürlich extrem unoriginell, denn Geiz, Misstrauen und schlechte Manieren empfehlen sich ja auch sonst nicht im Leben.

Letztlich muss man also einfach nur darauf achten, nicht in den vertrauten, aber unvorteilhaften Kunden-Zombie-Modus umzuschalten, nur weil man gerade mal derjenige ist, der bezahlt.

Wer das so einigermaßen verinnerlicht hat, kann sich anschließend an die weiter fortgeschrittenen Level heranwagen. Was man dafür zunächst einmal braucht, ist die Fähigkeit und die Bereitschaft, sich in den Verkäufer- und Dienstleisteralltag hineinzudenken. Um ein Kunde der gehobenen Qualitätsklasse zu sein, reicht es nicht mehr aus, einfach nur nicht negativ aufzufallen. Der Qualitätskunde bringt es fertig, positiv aufzufallen.

Der erste Schritt zu dieser Güteklasse besteht darin, sich selbst schonungslos mit der Tatsache zu konfrontieren, dass man als Kunde immer nur einer von vielen ist. Einer von vielen, die bedient werden wollen, aber eben auch einer von den vielen, denen in sich ständig wiederholenden Situationen immer wieder derselbe naheliegende Spruch einfällt.

Im zweiten Schritt vermeidet der fortgeschrittene Kunde deshalb die plattesten Sprüche, und wer es schafft, seine Fähigkeiten noch weiter zu verfeinern, entledigt sich dann schließlich auch noch sinnloser Formulierungen, die mit »oder so was« enden. An diesem Punkt ist man dann schon auf dem Weg zur Erleuchtung.

Rehabilitierungsprogramm

Glücklicherweise ist es aber auch gar nicht zwingend notwendig, als dauererleuchteter Kunde ohne Fehl und Tadel durchs Leben und durch die Shopping-Center zu gehen. Es ist natürlich immer besser, großzügig zu sein als geizig und höflich anstatt rüpelhaft, aber falls es etwas gibt, das Verkäufer, Servicekräfte und Dienstleister fast noch mehr begeistert als freundliche Kunden, dann sind das Kunden, die sich für misslungenes Verhalten entschuldigen.

Lars Ruprecht erinnert sich mit Tränen in den Augen an den etwas anstrengenden Kunden, der eine Stichsäge kaufen wollte. Nach langem Hin und Her hatte er sich endlich für ein Modell entschieden, das er dann aber bald wieder zurückbrachte, um nun doch ein anderes zu nehmen. Kurz darauf gab er dann aber auch das zweite Modell wieder zurück, weil er doch lieber wieder die erste Säge haben wollte. Zwischendrin hatte er Lars Ruprecht immer wieder für ausführliche Frageverhöre in Beschlag genommen und war dabei mit seiner fordernden und ungeduldigen Art nicht eben positiv aufgefallen.

Ganz am Ende, nachdem er seine Stichsägenwahl zum zweiten Mal revidiert hatte, zog er dann mit verhuschter Geste eine Packung Lakritzbonbons aus der Tasche und reichte sie Lars Ruprecht, verbunden mit einer zerknirschten Entschuldigung für die vielen Umstände und einem Dank für seine Geduld. Lars Ruprecht war so gerührt, dass er den Mann beinahe geheiratet hätte.

Stephanie Wöhler erlebt es immer wieder mal, dass sich zuvor unwirsche oder anstrengende Passagiere nach einem Flug bei ihr entschuldigen. Flugangst, Unausgeschlafenheit und Reisestress können manche Leute so sehr aus der Fassung bringen, dass ihnen der eigene Zustand ungewollt entgleitet. Wenn man so etwas rechtzeitig an sich selbst bemerkt, ist es definitiv die richtige Strategie, sich in irgendeiner Form dafür zu entschuldigen. Am besten kurz und knapp und ohne viel Aufriss. Die magische Kraft der Worte: »Tut mir leid, der Reisestress … «, kann dabei lässig eine ganze Tüte Lakritzbonbons ersetzen.

Superkunden

Die ganz weit Fortgeschrittenen, die Gurus und die Cracks unter den Kunden, zeichnen sich dann noch einmal durch Spezialfähigkeiten und Kunstgriffe aus, auf die man erst einmal kommen muss. Dazu zählt zum Beispiel jene zuvor beschriebene Finesse, den Taxifahrer ganz vorne in der Taxi-Warteschlange erst einmal zu fragen, ob er die sehr kurze Fahrt selber machen oder lieber an den Hintermann abgeben möchte. Auch die Idee, dem Paketboten mal ein paar Stockwerke entgegenzukommen, wenn man ohne Fahrstuhl weiter oben wohnt, gehört in eine durchaus gehobene Kategorie.

Weniger exotisch, aber von nie versiegender Popularität ist das Verfahren, guten Service mit Trinkgeld zu belohnen. Bei Kellnern und Taxifahrern kennt man das, aber auch der eben erwähnte Post- und Paketbote, der einem ständig die bestellten Sachen an die Tür bringt, hat sich vielleicht mal etwas verdient. Vor Weihnachten zum Beispiel.

Und als Gegenstück zur Beschwerde beim Vorgesetzten bietet sich die Lobpreisung eines freundlichen und bemühten Mitarbeiters bei seinem Chef oder der Geschäftsleitung an. Dafür nimmt sich, im Gegensatz zur viel aufwendigeren Beschwererei, erstaunlicherweise nämlich kaum mal jemand Zeit. Dabei trägt dieses Verfahren ganz erheblich zur allgemeinen Freundlichkeitssteigerung auf der Welt bei, von der man dann immerhin selber auch wieder profitieren wird. »Mitarbeiter bei ihrem Chef loben« ist deshalb eine Weltverbesserungsstrategie, die von führenden Weltverbesserungsforschern empfohlen wird.

SCHLUSSWORT

Was macht
die Gewerkschaft
im Paradies?

Um alles, was zuvor gesagt wurde, zum Ende hin noch einmal tollkühn zu untergraben: Was wäre, wenn Lars Ruprechts Arbeitsalltag nur noch aus dem Kontakt mit höflichen, gut informierten und in jeder Hinsicht umsichtigen Kunden bestehen würde?

Nun gut, die Fiesen und Unhöflichen sind geschenkt, auf die könnte er jederzeit problemlos verzichten. Aber wie wäre es im Baumarkt auf Dauer ohne ein paar Spinner, Exzentriker und vor allem ohne jeden hohlraumversiegelten Vollkoffer?

Vielleicht so: Anfangs wähnten er und seine Kollegen sich noch in paradiesischen Zuständen. Ihre Familien und Freunde erlebten nach Feierabend einen ganz neuen Menschen: In bester Laune käme Papa nach Hause, die Frau fragte sich fast, ob ihr Mann morgens überhaupt wirklich noch zur Arbeit gehe.

Schon nach zwei Wochen aber würden die Baumarktmitarbeiter anfangen, sich ab und zu heimlich nach dem Unterhaltungswert einer echten Brausebirne zu sehnen. Sie begännen, lustige Geschichten von Kunden zu erfinden, die nicht wussten, ob sie eine links- oder rechts-öffnende Tür brauchten, um den Kollegen in der Pause davon zu erzählen. Die hauten sich dann, einer alten Tradition folgend, die flache Hand vor die Stirn und sagten: »Oh nee!« und »So ein Idi!«, aber heimlich wären sie neidisch darauf, dass dieser Kunde heute nicht bei ihnen war.

Innerhalb weniger Monate würde die gesamte Belegschaft beginnen, unter den Bedingungen der neuen reizarmen Vollkommenheit langsam durchzudrehen. Die Gewerkschaft müsste neue Arbeitsverträge aushandeln, in denen allen Verkaufsangestellten das Minimum von einem ausgewachsenen Trottel-Kunden pro Woche zugesichert wird. Alle zwei Wochen wäre außerdem ein krankhaft misstrauischer im Wechsel mit einem Laber-Kunden fällig, und einmal im Monat muss einer kommen, der einen schlechten Witz macht. Dieser Zustand könnte dann eventuell nahezu perfekt sein.

Wir Kunden können mit gelegentlichen Ausrutschern und unseren kleinen Fehlern also ganz entspannt umgehen. Für die perfekte Situation müssen wir nicht völlig perfekt sein. Ein bisschen öfter aufmerksamer, freundlicher und besser informiert zu sein reichte schon aus.

DANK

Ich danke allen, die sich Zeit genommen und mir aus ihrem Arbeitsalltag erzählt und damit zur Vielfalt der Geschichten in diesem Buch beigetragen haben.

Ich danke Vredeber Albrecht, Sandra Wrampelmeyer, Lars Hubrich, Thomas Hölzl und Hanns-Jörg Fiebrandt für die vielen guten Hinweise und widme es meiner Mutter, die immer eine vorbildliche Kundin war.

Die ganze Welt des Taschenbuchs
unter
www.goldmann-verlag.de

Literatur deutschsprachiger und
internationaler Autoren,
Unterhaltung, **Kriminalromane**, **Thriller**,
Historische Romane und **Fantasy-Literatur**

Aktuelle **Sachbücher** und **Ratgeber**

Bücher zu **Politik**, **Gesellschaft**,
Naturwissenschaft und **Umwelt**

Alles aus den Bereichen **Body**, **Mind + Spirit**
und **Psychologie**

Überall, wo es Bücher gibt und   unter www.goldmann-verlag.de

Goldmann Verlag • Neumarkter Straße 28 • 81673 München